VOSSOS JOVENS PROFETIZARÃO

Adeilson Salles

pelos espíritos
Luiz Sérgio e Yvonne do Amaral Pereira

Vossos jovens profetizarão

Os bastidores espirituais dos crescentes casos de suicídios

intelítera

VOSSOS JOVENS PROFETIZARÃO

Copyright© Intelítera Editora

Editores: *Luiz Saegusa* e *Cláudia Z. Saegusa*
Capa: *Casa de Ideias*
Projeto gráfico e diagramação: *Casa de Ideias*
Fotografia de Capa: *Shutterstock - Skrynnik Mariia*
Revisão: *Rosemarie Giudilli*
3ª Edição: *2019*
Impressão: *Lis Gráfica e Editora*

Rua Lucrécia Maciel, 39 - Vila Guarani - CEP 04314-130 - São Paulo - SP
11 2369-5377 - www.intelitera.com.br

Dados Internacionais de Catalogação na Publicação (CIP)
(Câmara Brasileira do Livro, SP, Brasil)

```
Sérgio, Luiz (Espírito)
   Vossos jovens profetizarão : os bastidores
espirituais dos crescentes casos de suicídio /
pelos espíritos Luiz Sérgio e Yvonne A. Pereira ;
[psicografado por] Adeilson Salles. -- São Paulo :
Intelítera Editora, 2019.

   ISBN 978-85-7067-010-6

   1. Espiritismo 2. Psicografia 3. Romance espírita
4. Suicídio - Aspectos religiosos I. Pereira, Yvonne
A. II. Salles, Adeilson. III. Título.

19-28331                              CDD-133.93
```

Índices para catálogo sistemático:

1. Romances espíritas psicografados : Espiritismo
   133.93

Cibele Maria Dias - Bibliotecária - CRB-8/9427

Sumário

Primeiras palavras 7

Encontro com jovens 11

Yvonne Pereira fala aos jovens 19

O primeiro atendimento 29

Mutilados 41

A casa de Dudu 49

O sofrimento 57

A história de Vitório 63

Morte na escola 71

A influência dos espíritos 77

Vossos jovens profetizarão 83

O despertar de Vitório 89

A conversa com a diretora 95

Epidemia obsessiva..103

Sexo adolescente 109

Aprendendo com Cecília 115

Eclosão dos hormônios 121

Individualização emocional do adolescente 127

Reminiscências de vidas passadas....................137

Mediunidade na adolescência...........................143

Crimes juvenis...149

A obsessão e os conflitos juvenis 155

A mediunidade de Jonatan 163

Adolescente médium 169

A filha do coração 177

Orientações...185

O adolescente e a homoafetividade 193

Dudu..201

Evangelização juvenil.......................................207

O trabalho continua..215

Luiz Sérgio 220

Primeiras palavras

Muitos pais e educadores se encontram aturdidos pela dificuldade em lidar com os conflitos emocionais desses tempos. Com a visão limitada apenas ao aspecto material da vida as respostas estão longe de ser alcançadas.

Os dramas se instalam na intimidade do ser, e não há nada perecível que possa atender às necessidades da alma sofrida. As dores aumentam diuturnamente, e grande parte da sociedade procura nas aquisições materiais minimizar conflitos que ocorrem dentro do coração.

Automutilação, suicídios e desalento, esse é o quadro vivenciado por muitos corações aflitos.

Nossa intenção com esse novo trabalho não é trazer alguma revelação que surja como receita mágica para solucionar esse momento.

Somos espíritos imortais, e existe uma interação entre as dimensões material e espiritual. Os espíritos influenciam-se mutuamente, estejam eles desencarnados ou encarnados. Os vínculos de amor e ódio persistem, e as ligações vibratórias entre essas mentes e corações que se buscam são forças imanentes e naturais, pois são geradas pelo livre-arbítrio e preferências de cada criatura.

Então, crianças são influenciadas mais intensamente pelos espíritos depois que a encarnação se completa até os sete anos de idade, aproximadamente, e elas são "entregues" aos pais, que deveriam lhes garantir uma educação dos sentimentos, uma didática assertiva para o governo de si mesmas.

Porque a partir da pré-adolescência, na delicada fase da puberdade, a independência emocional se evidencia, e o adolescente experimenta o conflito entre aquilo que lhe foi ensinado e o que traz de suas próprias experiências reencarnatórias.

É da lei que rege a vida que exista o intercâmbio entre as mentes, também é natural que os aspectos sensoriais influenciem na manifestação dos conflitos. E junto a tudo isso a mediunidade vem sendo ignorada como um dos fatores predisponentes ao suicídio entre crianças e jovens.

Existem garotos e garotas médiuns em todos os lugares, nas escolas e nas baladas e, em todos os locais, o mediunismo se manifesta carreando dores e alegrias. Em sala de aula, na quadra de esportes do colégio e principalmente dentro dos lares, onde os personagens do passado se encontram para o aprendizado comum.

Como pais ou filhos, todos são chamados à autoeducação em família.

Voltamos a escrever para todos os pais, jovens e educadores em geral que estejam dispostos a se unir com nossos propósitos de levar o conhecimento espírita para nossa vida cotidiana e entender definitivamente que nos influenciamos constantemente.

Não se pode adjetivar de rebeldes os jovens com problemas psíquicos sem considerar os fatores hormonais que modificam o comportamento emocional. Não podemos, igualmente, desconsiderar a herança educativa recebida desde o berço. Além disso, as reminiscências de vidas passadas vão surgindo e incorporando ao psiquismo em formação, na estruturação do caráter.

E fechando as observações que deram origem a esse trabalho, é urgente considerar a mediunidade e a influência dos espíritos como forças determinantes do equilíbrio psicológico de nossos adolescentes. Não compreender que a mediunidade infantojuvenil precisa ser considerada como fator predisponente ao equilíbrio e ao transtorno emocional é abdicar dos ensinamentos espíritas em sua mais singela expressão.

Vossos jovens profetizarão!

Porque a mediunidade é algo natural na vida de todos nós a partir do berço.

Que os nossos esforços minimizem as dores e o vazio existencial experimentado por grande parte da juventude.

Que o conhecimento espírita previna os delicados conflitos de garotos e garotas e salve vidas.

Gratidão aos amados e amadas, Augusto, Zoel, Cecília e Yvonne Pereira.

Até sempre!

Luiz Sérgio

Encontro com jovens

E lá estava eu, muito ansioso para participar daquela palestra.

O auditório muito aconchegante estava lotado de garotos e garotas dos dois planos da vida. Por mais que tentasse observar quantos daqueles jovens estavam encarnados, era difícil avaliar, pois eles se confundiam com os desencarnados, pois como a galera fala na Terra, encarnados e desencarnados estavam "juntos e misturados". É claro que os encarnados revelavam no alto da cabeça o fio energético tenuíssimo que os ligava ao corpo físico, adormecido em seus domicílios familiares.

Meus olhos percorriam o ambiente que transpirava juventude.

Pude perceber que muitos dos jovens presentes evidenciavam em partes de seus corpos espirituais distonias energéticas oriundas de conflitos psíquicos vivenciados em suas vidas. Vários daqueles garotos e garotas traziam o semblante triste, abatido, demonstrando na face certa amargura e apatia.

Ao lado de todos os jovens estavam entidades amorosas, espíritos familiares, espíritos protetores todos com o mesmo propósito: amparar, consolar e esclarecer seus protegidos para a prevenção do suicídio e o enfrentamento dos conflitos familiares.

Já percorri muitas regiões na dimensão espiritual socorrendo jovens que se atiraram ao autoextermínio, mas todo trabalhador precisa, incansavelmente, buscar novos aprendizados para acrescentar mais eficácia em seus métodos de ação.

Aqui já temos consciência de que é o estudo constante que nos capacita a servir melhor ao evangelho.

Mesmo na condição de aprendizes, procuramos seguir com retidão a orientação do Espírito da Verdade: *Espíritas! Amai-vos, eis o primeiro ensinamento. Instruí-vos, eis o segundo.*

Por isso, estávamos ali para aprender e a reciclar nossos saberes.

A sociedade humana se encontra à deriva, e muitos jovens se entregam cada vez mais cedo a drogas como o álcool e outras substâncias que os arrojam ao abismo da dor. A desagregação familiar se acentua devido aos chamamentos do mundo, fragmentando o núcleo doméstico.

Jovens e adultos se embriagam nos prazeres da ilusão, e a alma humana se fragiliza profundamente. As dores são inúmeras, e as lágrimas amargas fecundam os corações atormentados.

Em nossa tarefa de levar notícias do que se passa na dimensão espiritual, nós temos a oportunidade de narrar os quadros reais dos conflitos desses tempos de transição que vêm afetando a vida de tantos jovens.

Meus pensamentos foram interrompidos pela palavra amiga de Augusto:

– Luiz Sérgio, todos esses jovens desencarnados retornaram para o mundo espiritual de maneira dolorosa?

– Este complexo hospitalar acolhe os suicidas desde muitos anos. O aumento de suicídios entre jovens e, infelizmente, até entre crianças, fez com que a misericórdia divina, por meio de nobres espíritos, criasse departamentos específicos para resgatar e acolher crianças e jovens que se entregam aos desenganos causados pelo suicídio.

– Notem os traços fisionômicos dos jovens desencarnados – Zoel nos alertou.

Detive minha observação na solicitação de Zoel e percebi que muitos dos presentes tinham o olhar esgazeado, perdido, pois contemplavam o nada.

– Todos os jovens desencarnados aqui presentes, que se encontram vestidos com esses trajes que nos lembram a vestimenta utilizada pelos pacientes dos hospitais da Terra, se suicidaram?

— Sim, Augusto... Infelizmente nessa assembleia estão garotos e garotas que abandonaram suas encarnações dessa forma – comentei.

— E os encarnados aqui presentes em desdobramento flertam com o suicídio – Zoel falou com tristeza na voz.

— Então, estamos nos momentos que antecedem uma palestra que tratará desse tema tão delicado.

— Verdade, Augusto. Esse centro de reabilitação e readaptação do Hospital Maria de Nazaré tem entre as suas atividades terapêuticas as palestras, que são parte do tratamento necessário para esses jovens.

— Luiz Sérgio, são muitos os jovens nessa situação, lamentavelmente.

— Mesmo contrariado devo concordar, Zoel, é essa a dolorosa realidade desses tempos em que as relações familiares perderam o valor e a referência para a criatura humana.

— Olhem para aquela garota! – Augusto pediu com discrição na voz.

— Nossa! Ela arranca tufos de cabelo da própria cabeça – Zoel comentou surpreendido.

— A atitude dela em agredir a si própria serve de fuga emocional da realidade em não se aceitar como é na presente encarnação.

A voz que nos dava aquele esclarecimento era a de uma mulher de semblante austero, mas acolhedor, que se aproximou, nos surpreendendo repentinamente.

No mesmo instante, Zoel, Augusto e eu nos viramos para a recém-chegada, que sorriu carinhosamente.

Ela vinha acompanhada de uma jovem entidade que, ao me ver, abriu os braços e o sorriso, vindo em minha direção.

— Seja bem-vindo, Luiz Sérgio, que bom que atendeu ao nosso convite!

— Cecília!!! — falei com imensa alegria também abrindo os braços com emoção. — Como não atender ao seu convite?

Nós nos abraçamos, efusivamente, entre sorrisos de júbilo e profundo carinho fraternal.

— Na verdade, Luiz Sérgio, o convite foi feito por ela — Cecília argumentou, apontando a senhora de cabelos embranquecidos pelo tempo.

Aquela mulher de sorriso generoso fixou nos meus os seus olhos lúcidos e disse:

— A Cecília tem razão, Luiz Sérgio, eu que pedi a sua presença na nossa tarefa desta noite.

— Não nos apresenta, Luiz Sérgio? — Augusto indagou sorrindo e já estendendo a mão para Cecília.

Ao mesmo tempo, Zoel estendeu a mão para a simpática senhora, dizendo:

– É uma honra conhecê-la, Dona Yvonne, muito prazer, me chamo Zoel.

– Eu que me sinto feliz em me juntar a servidores leais à causa cristã como vocês.

– Luiz Sérgio, essa é Dona Yvonne Pereira, trabalhadora muito respeitada na tarefa mediúnica em sua recente encarnação.

– Que alegria conhecer a grande trabalhadora de Jesus! – afirmei.

– Tanto quanto você, Luiz Sérgio – ela disse, abrindo um sorriso e repetindo: – Tanto quanto você.

– Agora entendi – Zoel falou com emoção na voz. – Sua experiência vitoriosa na literatura mediúnica sobre o tema suicídio, certamente, auxiliará esses jovens e nos trará muitos ensinamentos. A reconheci de imediato por ter colaborado em um centro espírita na Terra que tinha o seu nome.

– Minha experiência na área mediúnica é limitada, venho aqui na condição de quem já sucumbiu mais de uma vez entregando-se ao suicídio. Sou uma ex-suicida e desejo, dentro de meus pequenos recursos, alertar esses espíritos, que se suicidaram na idade juvenil, do trabalho a ser feito para a superação dos traumas que os acompanharão por muito tempo ainda. E quero redobrar meus esforços para amparar e esclarecer os jovens que estão encarnados e se equilibram na corda bamba dos conflitos psíquicos espirituais e são tentados a fugir da vida física pela prática infeliz do suicídio.

– Na condição de trabalhadora do Hospital Maria de Nazaré, junto com a nossa Cecília, pedi sua presença aqui, Luiz Sérgio, juntamente com a de Augusto e Zoel, para visitarmos a Terra e, na medida de nossas forças, socorrer e intervir em processos obsessivos prestes a empurrar crianças e jovens para o abismo do suicídio.

– Eu me sinto honrado pela oportunidade, Dona Yvonne.

– Sou uma trabalhadora comum, Luiz Sérgio, mas alguns espíritas insistem em me "santificar". Em minha passagem pela Terra cumpri de maneira limitada minha tarefa no campo mediúnico, nada mais. Se não fosse rebelde em alguns momentos teria sido mais útil à causa do Consolador. Aqui na dimensão espiritual, e você sabe muito bem disso, a alegria e a felicidade são o serviço no bem. Como posso, diante das dores que transbordam no mundo, ficar indiferente ao número crescente de suicídios juvenis que o materialismo produz incessantemente? A médium Yvonne Pereira passou, preciso prosseguir servindo.

– O nosso benfeitor Bezerra de Menezes e tantas outras entidades estão com as mãos ocupadas no trabalho do Cristo em prol de crianças e jovens. Como não priorizar o público infantojuvenil se uma das bases da fé raciocinada passa pela crença na reencarnação? O homem encarnado se detém demasiadamente nas posições do mundo, que ele imagina serem as garantias de felicidade advindas de trabalhos transcendentes. Todos os espíritos espíritas, como afirma Bezerra de Menezes, têm consciência plena de que o excelso Consolador é o Sublime Professor de nossas vidas, portanto, trabalhemos com urgência na seara infantojuvenil, pois é dessa lavoura que pode brotar a sociedade nova e evangelizada. Infelizmente, ainda é grande o número de instituições que não possuem atividades evangelizadoras voltadas para os infantes. Acredita-se na reencarnação, mas se negligencia a força educadora do Espiritismo.

Todos silenciamos diante daquelas palavras vigorosas proferidas por aquela senhora, que concluiu:

– Dentro dos ensinamentos legados pelo Professor Allan Kardec se encontra o nosso roteiro de segurança para conduzir os espíritos imortais encarnados em corpos infantojuvenis à travessia segura nas tempestades do mundo.

Um breve silêncio se fez, e Cecília ponderou:

– Yvonne, nossos jovens aguardam sua palavra.

Ela aquiesceu, balançou levemente a cabeça e afirmou:

– Após essa atividade singela, nos reuniremos para planejar as primeiras ações no orbe terreno.

Yvonne Pereira fala aos jovens

Ela se dirigiu ao púlpito preparado para sua exposição.

Cecília posicionou-se antecedendo Yvonne na condução do encontro. Imediatamente, todos os presentes fixaram o olhar no semblante juvenil e sereno da minha amiga, e ela disse:

– Garotos e garotas, em nome do Cristo que tem o coração juvenil, aquele que compreende suas dores e angústias, eu os convido à oração, para a seguir ouvirmos a palavra de alguém que pode asserenar nossas almas nos enfrentamentos de nossas lutas íntimas.

Cecília fez breve pausa e, simultaneamente, para encantamento de todos, luz de tenuíssima tonalidade azul envolveu a jovem entidade em grande beleza.

Em suas primeiras palavras já nos emocionamos...

"Amado Jesus, de coração esperançoso nos reunimos aqui para suplicar Tua amorosa presença entre nós. São muitos os jovens que não conhecem a energia juvenil do Teu evangelho. São milhares de corações aflitos que perambulam pelas duas dimensões sem sentir a fragrância da Tua paz. Nesse exato momento em toda Terra, garotos e garotas põem fim à vida física acreditando exterminar a dor que lhes consome o ser. Todos nós estendemos as mãos em Tua direção para buscar alívio para nossa ignorância. Rogamos a tua assistência para esse encontro. Aqui nesta pequena assembleia estão tantos sonhos, muitos perdidos e abortados pela mão cruel da desesperança, outros, perdendo a energia e o vigor juvenil. Sabemos da Tua condição de Jovem Messias, de Redentor dos corações juvenis."

À medida que ela falava, emoção singular invadia nossa alma, feito uma onda de amor e paz a arrebatar todos nós.

E ela continuava:

"Auxilia-nos a aprender contigo as belezas inspiradoras do Reino de Deus. Hoje repetimos a pergunta do jovem rico contida no Teu evangelho de amor, e tal como relatado por Lucas, indagamos: Bom Mestre, que hei de fazer para herdar a vida eterna? (Lucas, 18:18).

Os jovens desses tempos não conhecem a Tua misericórdia e estão longe de praticar os mandamentos da lei, pois as religiões do mundo te levaram para longe dos nossos corações que se encontram distantes da ventura do Teu amor."

A luz que envolvia Cecília se fazia mais intensa e apresentava fulgor desconhecido por nós. Augusto, Zoel e eu estávamos embevecidos e emocionados.

"Senhor Jesus, são muitos os jovens mutilados física e espiritualmente pela descrença nos valores dignos para uma vida mais feliz. Te pedimos que abençoe a juventude do mundo, e embora ainda tenhamos um longo caminho até o encontro com o Teu amor, pedimos que esteja conosco agora..."

No instante em que ela pronunciava aquelas palavras, todos eram banhados pela mesma luz que nos surpreendia descendo do alto sobre todos nós.

Nossa emoção aumentou quando, de onde estava Cecília, por mecanismos que desconheço, surgiu a imagem de um adolescente judeu trajando túnica alvíssima e um colete azul bordado com fios dourados. Ele trazia um solidéu sobre a cabeça enfeitando seus longos cabelos. Seus olhos traziam brilho indescritível, seu sorriso transmitia esperança.

Como uma espécie de holograma refletindo luz, Ele caminhou entre nós passando ao lado de todos os presentes. Era o Jovem Messias, Jesus adolescente, que caminhava entre todos arrebatando nossas vidas.

Garotos e garotas foram às lágrimas.

Não era necessário articular qualquer palavra, pois a imagem e a energia vinda daquele jovem diziam tudo que nossos espíritos imortais desejavam ouvir há tantos séculos.

Em uma espécie de projeção 3D, aquele jovem que parecia ter cerca de dezesseis anos nos acariciava com suas vibrações.

Não conseguimos definir o tempo que aquele arrebatamento divino durou, contudo, aos poucos, a imagem daquele jovem foi se esvanecendo até desaparecer, deixando em todos a convicção da presença de Jesus.

Cecília retomou a palavra e concluiu, dizendo:

– Na certeza da Tua presença entre nós Te pedimos para estender Tua mão compassiva sobre todos os corações. Abençoa as escolas da Terra onde a violência tem se enraizado, abençoa pais e professores. Que os corredores escolares sejam preenchidos pelas doces vibrações que o Teu amor emana. Abençoa e inspira a nossa Yvonne para que Suas palavras envolvam os corações juvenis aqui presentes, e em todo o planeta.

Zoel e Augusto estavam abraçados, e sem resistir eu me uni a eles.

Jamais havia experimentado tamanha emoção.

Após alguns minutos, que não sei precisar o quanto, fomos interrompidos pela voz serena, mas vigorosa, de Yvonne Pereira.

– Garotos e garotas, que a paz permaneça entre nós... Venho a essa assembleia na condição de espírito aprendiz, que já fracassou mais de uma vez se permitindo enredar na falsa ilusão de que o suicídio poria fim às minhas lágrimas. Conheço bem as angústias que visitam suas almas e sei o quanto é difícil resistir ao desejo equivocado de querer dar fim à vida e exterminar o sofrimento. Quando estamos dopados pela dor, a razão nos escapa e enxergamos caminhos ilusórios. Essa momentânea cegueira é alimentada por nossa falta de fé e olhar limitado diante da vida. Vamos nos sentindo sitiados, e cada vez mais cerramos nossos olhos para outros horizontes. Hoje, a discriminação sob vários aspectos, a desagregação familiar, o *bullying* e tantas outras questões aflitivas são sofrimentos intensos, mas pequenos diante da realidade dolorosa de se perceber vivo após a execução do próprio corpo físico.

As palavras pronunciadas por ela vinham carregadas de energia singular que emocionava a todos nós.

E ela prosseguiu:

– Ontem como hoje, o suicídio se revela aos olhos de quem sofre como um véu ilusório, que não nos livra do sofrimento, mas conduz os que optam por ele para a dura realidade da vida imortal, e que consequentemente nos impõe a intransferível condição de termos que lidar e dar solução às nossas dores agravadas. O mundo para os corações sonhadores e cheios de esperança tem sido cada vez mais hostil, e não responde aos anseios do espírito imortal em fase juvenil que se encontra em trânsito pela Terra. Somente a compreensão da transitoriedade da vida física e da necessidade da conexão com Deus pode servir de ponte para que o jovem caminhe sobre as dores humanas com discernimento.

– O coração juvenil carece de valores que apenas a família e o evangelho podem ofertar. Todavia, o Jesus das religiões está muito longe da compreensão dos adolescentes. É um modelo que não toca o coração dos jovens, porque da maneira dogmática e litúrgica como ele é apresentado pelos homens, não guarda identidade com a alma juvenil, que experimenta tantos conflitos emocionais e que em grande parte são heranças psíquicas advindas de outras vidas. É no período da pré-adolescência e adolescência que a imensa força das reminiscências de vidas passadas se assenhora sutilmente da mente em formação. É na turbulenta fase da eclosão hormonal que garotos e garotas se perdem, principalmente pela excessiva erotização de uma sociedade atormentada.

Zoel, Augusto e eu estávamos magnetizados pela maneira simples e profunda com a qual ela mergulhava dentro dos corações.

– Mas, na condição confessa de uma suicida arrependida, peço a todos vocês que priorizem a vida física. Suas encarnações são períodos escolares que cabe a vocês cumprir para sua evolução. Suicidar-se é como jogar fora o ano letivo, que uma vez perdido, deverá ser recuperado. E certamente em dolorosas condições. Aqueles que têm um corpo perfeito, que é na verdade o material escolar com o qual voltamos à escola do mundo, poderão ter de retornar em corpos limitados devido ao suicídio. Voltarão com enfermidades crônicas, para que possam avaliar o quanto a vida é preciosa. Se em suas vidas atuais, na posse de um corpo perfeito, já é um desafio superar o aprendizado na escola do mundo, imaginemos então a encarnação em corpos disformes, ou com constituição cerebral limitada? E alguém pode pensar que isso seja um castigo, mas se equivoca, pois as leis que regem nossas vidas no universo visam ao nosso equilíbrio e educação. Por isso, seja qual for o motivo do seu desejo suicida, deixe de lado esse objetivo, porque a dor que você vivencia na Terra não é nada, comparada às consequências dessa escolha inconsequente.

– Aqueles que se encontram encarnados, quando despertarem, guardarão a intuição desse nosso encontro que surgirá sutilmente em seus pensamentos. Os jovens desencarnados, que foram socorridos e se encontram em nosso complexo hospitalar, levarão consigo nossas impressões como esclarecimentos terapêuticos que auxiliam no trabalho de renovação mental tão necessário nesse período.

Ela interrompeu, momentaneamente, suas colocações e contemplou a assembleia juvenil que permanecia silenciosa.

Por instantes, tínhamos a impressão de que ela buscava dentro de si as orientações precisas para nos trazer mais ensinamentos vigorosos como os que tínhamos ouvido até aquele momento.

E novamente Yvonne Pereira recomeçou:

– Existem muitas faces dos dramas vivenciados pelos que tiraram a própria vida, e tornaremos a nos encontrar para maiores esclarecimentos e aprendizado. Na vida de qualquer espírito a reencarnação é a mais bela oportunidade de crescimento para qualquer alma. A vida na Terra é cada vez mais aviltada pelas paixões materialistas, mas empreendam esforços para prosseguir no esforço de vencer as dores que sitiam os seus corações juvenis. O jovem Jesus com Seu evangelho juvenil irá fortalecer a sua fé. A tempestade está intensa, mas o Cristo é sol renovador para cada espírito aqui presente.

– O caminho que percorri para valorizar a vida em toda sua magnanimidade demandou décadas de sofrimento e dor, em razão disso, afirmo com serenidade, a dor em toda sua extensão é uma lição preciosa que Deus envia a todos os seus escolhidos. Não desista agora, porque sempre vale a pena viver! Desejo que as palavras e emoções vivenciadas nesse encontro possam adentrar as salas de aula de suas escolas, e mais do que isso, que tudo fique gravado em seus corações. Aqueles que são vítimas de *bullying*, os que sofrem discriminação, os que não têm proximidade afetiva com seus pais, enfim, seja qual for a origem de seus conflitos e dificuldades, nunca se esqueça de que você não está sozinho. Seus olhos podem não contemplar, mas ao lado de cada um existe um amigo espiritual que zela pela sua paz e sua felicidade.

– É preciso que vocês se voltem mais para as coisas do coração, para a simplicidade da vida. E não se esqueçam de que Deus é um pai amoroso e bom, sempre disposto a amparar seus filhos, na escola, na balada, no serviço do bem e dentro de seu lar. Vamos retornar com alegria em nossas almas para nossas atividades nas duas dimensões. Gratidão!

A energia amorosa contida nas palavras daquela mulher penetrava os nossos corações enchendo-nos de vigor e determinação.

Observando-se o semblante de todos os jovens percebia-se certo brilho de esperança e bom ânimo.

Sem dúvida alguma estávamos diante de uma mulher determinada que teve seu caráter forjado nas ásperas lutas do mundo, e mesmo sucumbindo em alguns momentos, teve coragem e determinação para se erguer.

Cumprimentos fraternais e votos de bom ânimo foram externados pelos jovens presentes.

Meu coração sorria, pois mal cabia de contentamento dentro do peito. Desenvolver um trabalho junto de Dona Yvonne Pereira com sua experiência de vida, certamente, nos capacitaria para intervenções mais assertivas nos dolorosos casos de suicídio.

A assembleia foi se dispersando, e após receber manifestações carinhosas de tantos jovens que a procuraram para um singelo abraço, Yvonne juntou-se a nós, que emocionados, estávamos ansiosos para as tarefas do porvir.

O primeiro atendimento

A convivência com aquela senhora, acostumada às tarefas mediúnicas, e sua condição de ex-suicida certamente nos traria os mais belos aprendizados. Eu guardava a confiança de que muitos jovens poderiam ser auxiliados nas duas dimensões. Somaríamos esforços para enxugar lágrimas, consolar os jovens aflitos e trabalhar contra o império do materialismo.

O suicídio, hoje, aflige diretamente os trabalhadores do mundo espiritual, que tem feito de tudo para inspirar pensamentos novos aos adolescentes que estão mergulhados em processos depressivos e sitiados pelos delicados conflitos emocionais.

Nos dias que se seguiram todas as providências foram tomadas, e agora reunidos em uma das salas do Hospital Maria de Nazaré preparávamo-nos para seguir em direção à crosta para o nosso primeiro aprendizado em companhia de Yvonne.

— Não precisamos de formalismos, Luiz Sérgio, sou uma trabalhadora igual a você, que também aprende a cada nova oportunidade. Peço que nosso relacionamento não seja moldado pelos exagerados adjetivos que me foram conferidos por aqueles que ainda não aprenderam que a natureza não extrapola os programas evolutivos de cada um de nós. Vamos juntos partir para a Terra tentando aliviar as dores de pais e jovens que se encontram em pleno processo de aprendizado. Quero muito aprender a maneira que você se comunica com esses corações especiais. Porque desejo me dedicar incansavelmente ao combate das práticas suicidas na infância e na adolescência.

— Compreendo, Yvonne, e agradeço muito podermos aprender juntos. Também tive meu nome ligado a algumas manifestações que não retratam com fidelidade o meu aprendizado aqui desse lado. Algumas posturas um tanto caricatas, que não correspondiam à minha personalidade, foram abraçadas como verdade. Mas, de qualquer forma, tudo é oportuno para o aprendizado comum.

— Isso mesmo, Luiz Sérgio, a questão é sempre onde pousamos o nosso olhar. Nossos olhos veem pelas lentes do coração, pois é na sede de nossos sentimentos que mora a nossa capacidade de ver o mundo e os nossos semelhantes.

— Qual será a nossa primeira atividade? – Augusto indagou.

– Recolhi no departamento da prece alguns dos pedidos intercessórios rogando auxílio para pais e filhos, que se encontram aturdidos pelas dores causadas pelo desencontro nas relações familiares – Zoel informou, enquanto manipulava um pequeno aparelho com o qual se parecem alguns equipamentos eletrônicos da Terra.

– Tenho aqui em nossos registros o caso de Jonatan, que tem por espírito protetor a trabalhadora aqui do Hospital Maria de Nazaré, Lindaci.

– Então, começaremos nossos estudos por esse caso.

– Sim, Yvonne, a mãe de Jonatan ora dia e noite pedindo ajuda ao Alto pelo filho que já tentou o suicídio e vive grave processo depressivo – Zoel esclareceu.

– Partamos sem demora! – pedi.

– Que Maria de Nazaré nos inspire e nos guarde – Yvonne falou de olhos fechados.

Sem mais demora nos deslocamos, e em breve tempo nos deparamos com algumas paisagens inóspitas de vibração extremamente densa.

Ao passarmos pelas barreiras magnéticas de força e proteção do conglomerado hospitalar, que se assemelham a muros invisíveis, observamos inúmeras entidades agrupadas desejando penetrar o núcleo socorrista.

– Quando cheguei aqui para trabalhar no hospital tive dificuldades em compreender o porquê de tantas entidades não terem acesso ao socorro oferecido. Foi quando aprendi que não basta querer o socorro, é preciso estar pronto para aceitar ajuda. Existe uma diferença muito grande em querer e estar apto a receber.

– Essa é uma das nossas maiores dificuldades, Yvonne – comentei – pois queremos atendimento personalizado conforme nossos anseios egoístas. E Deus nos dá apenas o que necessitamos.

– Isso mesmo, Luiz Sérgio! Somos crianças que não resistem a um bolo quente logo que sai do forno. Essa ansiedade me fez queimar a boca algumas vezes durante a infância, até que aprendi que é preciso esperar o tempo certo para comer o bolo.

Alegramo-nos com o exemplo singelo, sábio e profundo que aquela senhora simples trazia para todos nós.

Nós nos entreolhamos e sorrimos mais uma vez, porque todos nos lembramos de algum momento em que queimamos a boca em nossa vida, para não dizer, queimamos o coração.

Chegamos em frente a uma casa de arquitetura luxuosa em um bairro que nos pareceu de classe abastada. O jardim arborizado que antecedia a casa assobradada era grande, lindo e bem-cuidado. Flores pequeninas e delicadas ladeavam a passarela que conduzia os visitantes do grande portão que ligava a moradia à rua até a enorme porta branca, que certamente era a entrada principal.

Adentramos o jardim que se estendia em volta de toda a construção. Percebemos alguns bancos espalhados em pontos estratégicos do grande terreno que davam aspecto harmonioso ao local. Pudemos, igualmente, observar que um senhor devidamente uniformizado manuseava uma grande tesoura podando folhas velhas de um pequeno arvoredo.

Yvonne ia à frente de braços dados com Zoel. Eu e Augusto nos detivemos a contemplar uma espécie de chafariz que lançava jatos d'água em grande altura.

Antes mesmo que pudéssemos adentrar a casa, uma entidade feminina, de generoso sorriso nos lábios, veio ao nosso encontro.

– Que felicidade os receber aqui. Sou Lindaci, o espírito responsável pelo nosso Jonatan...

– Nós que estamos felizes em poder ajudar de alguma maneira – Augusto falou com carinho.

Após os efusivos e fraternais cumprimentos, ela aduziu: – Agora pouco estava aqui junto a outras entidades ligadas a essa família, tentando apaziguar a discussão que ocorria entre os pais de Jonatan.

Enquanto conversávamos, um homem elegantemente vestido saiu do interior da casa e passou por nós. Ele aparentava ter aproximadamente trinta e cinco anos e seu semblante estava carrancudo.

– Esse é o pai de Jonatan saindo para o trabalho.

– Ele parece aborrecido – Yvonne comentou.

— A discussão foi muito violenta. Ísis, a mãe de Jonatan, cobra do pai, Albérico, mais interesse pela vida do filho. Ele alega não ter tempo, mas na verdade não tem boa vontade com nada que diga respeito à vida do filho. Albérico não se interessa por qualquer situação que se refira à sua família. Mas, prefiro que vocês tirem suas próprias conclusões ao conhecer mais intimamente todos os personagens.

E, novamente, a porta se abriu e, dessa vez, saiu do interior da casa uma mulher que se trajava de modo muito simples, mas que em seu semblante denotava serenidade cativante.

— Essa é Ísis, a mãe de Jonatan. Precisamos acompanhá-la, pois ela nos levará até ele – explicou Lindaci.

— Me permita perguntar, é essa a mulher delicada, com esse rosto tranquilo, que discutia agora há pouco? – Zoel indagou.

— Sim. Ela é uma mulher de valores morais muito bem definidos. Todavia, qual a mãe que não se torna mais enérgica quando defende seus filhos?

— Lindaci tem razão, amigos. As mães em sua aparente fragilidade se transformam quando o motivo é um filho.

— Sim, Luiz Sérgio, tem toda razão – Yvonne concordou, meneando a cabeça.

— Vamos atrás dela?

— Vamos, Lindaci! – Augusto falou ansioso. – Quero conhecer esse menino.

A escola não era distante e em breves minutos chegávamos em frente ao portão.

Alunos transitavam de um lado para outro sem se dar conta de que na dimensão espiritual também ocorria grande movimentação.

A mãe de Jonatan entrou no edifício e se dirigiu à secretaria.

– Bom dia, sou a mãe de Jonatan, a diretora me aguarda, ela me pediu para vir nesse horário.

– Um minuto, senhora – pediu a secretária educadamente.

A atendente ligou para um ramal interno da escola e rapidamente voltou a falar com Ísis.

– A senhora pode se dirigir à sala da diretora no final desse corredor à esquerda.

– Obrigada...

O semblante da mãe de Jonatan estava um tanto carregado. Ela, revelando certo nervosismo, caminhou fazendo barulho com o salto de seus sapatos sob o piso de mármore.

– Enquanto Ísis conversa com a diretora, vamos até a sala de aula dele? – Lindaci perguntou.

– Fico aqui com Yvonne e vocês vão até o garoto – sugeriu Zoel.

Em aquiescência silenciosa, Lindaci, eu e Augusto fomos até a sala de aula, mas não o encontramos. Em seguida, Lindaci sugeriu que fôssemos até o banheiro, com o que concordamos imediatamente.

Pelo corredor, cruzamos com outras entidades desencarnadas e algumas delas não notaram a nossa presença. Chegamos à frente do banheiro masculino e entramos.

– Aí está ele... – alertou Lindaci com ar de preocupação.

O quadro com o qual nos deparamos nos trouxe muita tristeza, pois três adolescentes estavam debruçados sobre os lavatórios cortando os próprios braços. Ao lado deles, duas entidades desencarnadas de olhar esgazeado os incentivavam ao ato doloroso.

O que chamou nossa atenção era que um dos garotos, em especial, sentia de maneira muito ostensiva a influência dos dois espíritos – era Jonatan.

Ficamos a observar por alguns minutos e constatamos a facilidade com que o protegido de Lindaci registrava com absoluta normalidade os pensamentos dos espíritos desencarnados.

– Ele é médium ostensivo, Lindaci, e está sob a influência obsessiva desses nossos amigos infelizes.

– Eu tinha essa convicção, Luiz Sérgio, mas não sei o que fazer para auxiliar esse garoto. Se não bastasse essa dificuldade, ainda temos o problema em família em que o pai não consegue se sensibilizar com a problemática do próprio filho.

– Acredito que vamos ter de avaliar muito bem uma forma de afastar essas companhias indesejáveis do psiquismo de Jonatan – asseverou Augusto.

– Você está certo, Luiz Sérgio, mas Jonatan também é facilmente influenciável pelos colegas da classe.

– Lindaci, quem são esses dois adolescentes que estão se mutilando junto com ele?

– Esse loirinho é o Dudu, e o outro moreninho é o Vitório.

– Precisaremos atender aos dois amiguinhos de Jonatan também – comentei preocupado.

– Daqui a pouco eles voltam para a sala de aula. Não é a primeira vez que fazem isso. Minha dificuldade é em lidar sozinha com uma situação tão complexa.

– Não se preocupe, Lindaci, estamos com você!

– Augusto está certo, vamos auxiliar Jonatan e seus dois amigos. Vamos ao encontro de Yvonne e de Zoel – falei com respeitoso interesse.

– Vejam, – Lindaci chamou nossa atenção – eles usam essas camisas e blusas de manga comprida para esconderem os braços cortados.

Em todo esse período que trabalho na dimensão espiritual socorrendo e amparando os jovens, embora os dramas tenham aumentado, a oportunidade de auxiliar cresce cada vez mais para aqueles que têm boa vontade. Não faltam recursos e ajuda nas duas dimensões, contudo, precisamos de mais braços de boa vontade. No entanto, ocorre que com a instantaneidade das informações as notícias ruins são as mais destacadas, e o homem, por se encontrar ainda em uma faixa de compreensão que valoriza o escândalo, tende a se deter nas dores.

Chegamos à sala da diretora.

– Estou enfrentado muitas dificuldades com os alunos, porque são vários os casos iguais ao de Jonatan. Percebemos, claramente, e peço que compreenda minhas palavras, que o problema da maioria desses adolescentes começa em casa.

Ísis revelava certa dificuldade em compreender as palavras da diretora e pediu:

– Pode me explicar melhor?

– Gosto muito de seu filho e não teria por que me envolver nessa questão – ela fez breve pausa como a refletir mais profundamente e esclareceu: – Se a proprietária da escola me pega falando essas coisas eu serei demitida. Somos orientados a não nos envolver nos problemas particulares de nossos alunos. Nós os ajudamos aqui no espaço escolar, mas depois disso devemos deixar que os pais resolvam essas dificuldades.

– A escola está preocupada em receber a mensalidade. É isso? – Ísis interrompeu a diretora.

– São muitos os alunos, e não há como cuidar individualmente dos conflitos que se desenvolvem dentro dos lares. Se os pais estivessem mais presentes na vida de seus filhos seria muito mais fácil.

– Mas, eu estou sempre pronta a atender a tudo que a escola pede e não falto às reuniões para saber como meu filho anda na escola.

– Se todos os pais fizessem isso, certamente, teríamos nosso trabalho facilitado nessas questões. E é justamente pelo fato de a senhora estar aqui acompanhando a vida escolar de Jonatan que me abro agora, pedindo sua compreensão, e ao mesmo tempo colocando meu emprego em suas mãos.

– Mas, o que está acontecendo com meu filho, Priscila?

O educador precisa desenvolver o olhar além das limitações materiais para enxergar, muitas vezes no silêncio, o pedido de ajuda que está preso na garganta.

É importante treinar os ouvidos para ouvir as angústias silenciosas que gritam no coração de nossos filhos.

Mutilados

Ouvíamos aquele diálogo com profundo interesse, uma vez que o aprendizado para todos nós se dá nos dois planos da vida, e temos muito o que aprender com os educadores encarnados e suas experiências.

Estamos espíritos desencarnados, mas não somos mágicos, nem temos como resolver os problemas alheios apenas com boa vontade, pois as pessoas precisam fazer a parte que lhes cabe.

A diretora fez breve pausa e prosseguiu:

– Peço que me perdoe, mas venho percebendo que Jonatan tem alterado muito o seu comportamento emocional. É certo que de uma maneira geral adolescentes têm esse perfil e oscilam muito emocionalmente, mas especificamente no caso de seu filho parece existir outro componente. Tem dias que ele chega bem na escola, sorri, brinca com os colegas. Mas, há alguns momentos em que as feições dele chegam a assustar, tal o grau de animosidade que revela nas atitudes. O ambiente escolar desses dias se tornou um palco de dores humanas. Aqui os alunos muitas vezes extravasam os conflitos domésticos, as dores vivenciadas dentro do próprio lar. Aqui também, muitos professores não conseguem lidar com as próprias dificuldades e chegam para dar suas aulas sob forte pressão psicológica. Queria lhe dizer algo agora, e coloco meu emprego em suas mãos com esse comentário. E depois do que vou lhe dizer a senhora fará o que quiser. Novamente uma pausa. – Dona Ísis, sou espírita e acredito que somos influenciados por espíritos desencarnados, a depender do que cultivamos em nossas mentes e corações. E guardo a impressão de que seu filho Jonatan está passando por um processo de forte influenciação espiritual por sua fragilidade emocional. E parece que o estopim dessa situação é algum conflito que ele experimenta dentro de casa.

– Encontramos nossa ajuda! – Lindaci falou animada.

Ísis se mantinha em silêncio, e Priscila, a diretora, continuou:

– Vivemos cercados por espíritos amigos, e outros que estão na linha da ignorância. E aqueles que são médiuns, e pode ser o caso de Jonatan, são mais influenciáveis.

– Você está querendo me dizer que meu filho está sendo vítima de perseguição espiritual?

— É mais ou menos isso. Em nossa conversa não teremos como falar de assunto tão complexo, peço apenas que reflita e entenda o que eu digo como um caminho novo para suas observações.

— Ele tem problema com a indiferença com que o pai o trata. Isso é real... da minha parte, embora seja praticante de outra religião, não descreio dessa realidade espiritual a qual você se refere.

— Infelizmente, muitos alunos de nossa escola vivenciam as mesmas dores. Precisamos refletir sobre esse universo de coisas para podermos auxiliar, não apenas Jonatan, mas outros adolescentes. A senhora não precisa acreditar em nada do que eu disse, peço desculpas pelo assunto.

Yvonne aproximou-se da mãe de Jonatan e, ao impor suas mãos sobre o centro de força coronário de Ísis, derramava sobre ela fluidos calmantes.

— E o que posso fazer para auxiliar meu filho? — Ísis falou, ao mesmo tempo que deixava escapar uma lágrima pelo rosto.

— Ele recebe auxílio emocional?

— Não.

— Podemos encaminhá-lo para a psicóloga da escola?

— Não vejo problemas com isso, precisamos é convencê-lo a aceitar essa ajuda.

— Há quanto tempo Jonatan usa blusas de manga comprida mesmo em dias quentes?

— Já o alertei sobre isso, mas ele responde que o ar condicionado da sala de aula é muito forte.

— Ele está andando aqui na escola em companhia de outros garotos e garotas que se mutilam. E esse grupo de adolescentes se comporta da mesma maneira. Alguns aderiram à mutilação por modismo, por incrível que possa parecer, mas a maioria se corta porque a alma está sofrendo.

— Meu Deus, meu filho se cortando?

— Precisamos nos unir para ajudar. E quanto à questão da influência espiritual, se a senhora desejar, posso indicar um local onde pessoas capacitadas poderão orientá-la e acolhê-la.

— Agradeço suas palavras e cuidado com meu filho. Confesso que ando enfrentando problemas em meu casamento e isso vem tirando o foco do que é o mais importante. Todas as suas palavras estão me convidando a despertar, porque certamente eu também estou falhando como mãe. Com relação à ajuda espiritual, prefiro começarmos com o psicólogo, e se for o caso, peço a sua indicação.

— A sua postura diante de tudo que comentei aqui revela o amor que tem pelo Jonatan. Muitos pais nem atendem aos nossos convites para uma conversa, e quando atendem não valorizam nossos alertas. E ainda dizem: *Eu estou pagando caro a escola para que ela resolva esses problemas.* — Eles não querem se comprometer e não se interessam pela vida dos próprios filhos, lamentavelmente.

Acompanhávamos a conversa com grande preocupação, pois muitas escolas não oferecem aquele aparato de profissionais e a estrutura material de qualidade que víamos ali. Parte dos jovens se encontram perdidos e sem ajuda para o enfrentamento de problemas semelhantes.

Para a nossa equipe espiritual o socorro através de pais e educadores comprometidos é sempre mais fácil.

— Vou precisar de sua ajuda, Priscila.

— A senhora pode contar com ela. Vejo muitos jovens na mesma situação, mas existe uma barreira imposta pelo comportamento familiar que me impede de oferecer ajuda mais efetiva.

— Pode me chamar de Ísis, deixando a "senhora" de lado — a mãe de Jonatan pediu com discreto sorriso.

— Em alguns momentos, eu gostaria de colocar todos esses jovens no colo e diminuir o sofrimento de muitos, mas não tenho como fazer isso.

— Não entendo dessas coisas de espírito, mas tenho boa vontade. Nasci na igreja, mas respeito todas as convicções religiosas e quero ajudar meu filho, e isso basta.

— Reflita acerca de nossa conversa e sonde Jonatan sobre outros assuntos.

— Ele vive isolado no quarto.

— Converse com o pai, e à medida do possível, se interessem pelo mundo de seu filho.

– Farei isso, mas se o pai mantiver o comportamento indiferente eu agirei sozinha. Acho que tudo isso vai fazer com que eu pare de me fixar em um homem que há muito não nos respeita, e passe a observar mais o meu filho.

– O amor dos pais e o interesse pela vida dos filhos opera verdadeiros milagres na vida da família.

Elas se despediram, e por sugestão de Zoel, nós fomos para a sala de aula a fim de acompanhar Jonatan e os demais alunos. A turma não tinha mais do que vinte jovens, e cada um de nós nos sentamos nas carteiras vazias. Na sala, também havia algumas entidades desencarnadas que estavam próximas aos estudantes.

Durante a aula, pudemos observar que parte dos alunos estavam distraídos quanto à explicação do professor. Alguns trocavam mensagens por telefones celulares. Outros, com o fone de ouvido, assistiam a filmes sem conteúdo edificante.

Ao lado de Dudu, um dos garotos que se mutilava junto com Jonatan, um espírito de aspecto repugnante o abraçava, dizendo:

– Nada disso vale a pena. A vida não vale a pena. Sua casa é uma arena de brigas. Seus pais não se entendem, um engana o outro. Os dois pegam no seu pé. Além disso tudo, eles não se importam com você. Qual o sentido disso?

O garoto demonstrava grande abatimento. Em alguns momentos, a imagem do espírito parecia se fundir ao corpo físico do adolescente, que na face revelava palidez.

— Aquele garoto é um suicida em potencial e está correndo risco — Yvonne alertou-nos com semblante preocupado. — As emanações energéticas vindas dele demonstram que a sua mente é geradora de pensamentos mórbidos e destrutivos. Precisamos agir com rapidez, porque ele poderá tentar o suicídio.

— A situação de Jonatan é preocupante, mas ainda está sob certo controle porque Lindaci tem atuado de maneira contundente na luta contra as influências espirituais, mas tenho a impressão de que Dudu está na linha de risco mais próxima ao autoextermínio.

— Tem razão, Luiz Sérgio. Vamos até a casa dele para sentir na psicosfera ambiente que tipo de energia mental está contida no lar, o que vem sendo cultivado de pensamentos e sentimentos no dia a dia.

A aula transcorria sem anormalidades para aqueles que se interessavam por ela, o que não era o caso da maioria. Jonatan revelava certo alheamento a tudo que ocorria à sua volta — consequência advinda do enfraquecimento emocional que ele experimentava.

A desmotivação pela própria vida, que ocorre de maneira sutil, é uma das fases que levam os adolescentes a se entregarem ao suicídio. Sutilmente, mas com fortes influências espirituais desajustadas, as coisas ruins vão se transformando em verdadeiros monstros criados pelas mentes invigilantes.

A casa de Dudu

Nós nos dividimos para auxiliar na questão do suicídio iminente daquele garoto. Yvonne e eu fomos para a casa de Dudu, enquanto Zoel e Augusto, juntamente com Lindaci, permaneceriam na casa de Jonatan.

Ao chegarmos à residência do jovem Dudu percebemos que ela não era menos luxuosa do que a de Jonatan. Passamos, então, a acompanhá-lo.

O garoto entrou sem que alguém o visse. Subiu pela larga escada até o corredor que levava ao seu quarto. Ele seguiu acompanhado de perto pelo espírito que o incentivava a dar fim à própria vida.

– Precisávamos intervir o quanto antes. – disse Yvonne.

A porta estava entreaberta, o que acontecia todas as vezes que a empregada fazia a limpeza e a arrumação.

Dudu adentrou o amplo aposento e sobre a cama viu um pequeno e bonito pacote. Ele largou a mochila no chão do quarto e sentou-se na cama com o embrulho na mão.

Os olhos apagados e sem brilho revelavam que a esperança e o encantamento pela vida diminuíam gradativamente.

Por alguns instantes, ele manuseou o pacote entre os dedos, até que decidiu abrir. Era um aparelho celular novo, o mais recente lançamento da líder mundial de *smartphones*.

Com o pequeno pacote estava um envelope que, por não ter percebido, caiu junto aos seus pés. Dudu se agachou e apanhou o envelope. Desanimado, fitou o papel sem ter coragem de abrir. Em sua mente tinha a percepção de escutar uma voz, que lhe dizia: "É a mesma coisa de sempre, eles se fazem presentes em sua vida através de presentes. Seus pais querem te comprar! Isso é vida?"

Dudu foi interrompido em seus pensamentos pela batida da porta às suas costas.

– Olá, Dudu!

– Oi, Cleide!

– Já arrumei seu quarto e limpei seu banheiro, está tudo bem cuidado.

– Obrigado, Cleide!

– Já pegou o seu presente na cama, né?

– Mais um, Cleide, meus pais me dão presentes todos os meses. Eles foram viajar, né?

– Foram sim, Dudu. Mas, como é que você sabe?

– Há quanto tempo você trabalha aqui com a gente, Cleide?

– Há... acredito que há uns sete anos...

– E você ainda não percebeu que meus pais sempre que vão viajar me dão algum presente? Eles vivem me comprando as coisas para compensar a ausência deles na minha vida.

Dudu fez o comentário com a voz embargada, e nesse momento a entidade aproveitou para envolvê-lo mais uma vez: "E por que você ainda perde tempo com pais como esses? Se você se suicidar, eles vão conviver contigo na consciência pesada o resto da vida. Eles são os responsáveis pelo desprezo que trazem para a sua existência."

A empregada se manteve em silêncio porque sabia que Dudu tinha razão, os pais não estavam muito preocupados com ele.

– Alguns pais acreditam que paternidade é prover roupa, alimento, boa escola e presentes.

– É lamentável que seja assim, Luiz Sérgio. Precisamos tentar conversar com esse espírito que deve ter algum histórico para empreender tão grande esforço para levar esse garoto ao suicídio.

– Sim, Yvonne, ele precisa nos ver, coisa que não se deu até agora por nossas diferenças de padrão vibracional.

Nesse momento a entidade nos surpreendeu, dizendo: "Fique aqui, Dudu, porque vou ao banheiro e já volto."

– Ele ainda é muito vinculado à vida material, pois ainda sente necessidades fisiológicas, embora esteja desencarnado.

– O que de certa forma o aproxima vibratoriamente de nosso Dudu – falei.

– Aproveite agora, Luiz Sérgio, vá ao banheiro e converse com ele lá.

– Nunca imaginei que um dia iria ao banheiro junto com um irmão obsessor.

Yvonne esboçou leve sorriso compreendendo que eu queria deixar o clima mais ameno.

Adentrei o banheiro e lá estava o espírito de pé como se estivesse urinando, externando um comportamento normal para quem está encarnado.

Aproximei-me dele e disse:

– O que você tem contra Dudu?

A cena a seguir seria cômica, não fosse a dramaticidade da situação de Dudu.

Ele levou um susto e esbravejou:

– Quem é você e o que quer? Não viu que o banheiro está ocupado?

– Você está precisando de ajuda, amigo, porque na condição em que se encontra não precisa mais de banheiros.

– O que quer? – ele indagava enquanto arrumava a calça.

– Eu é que pergunto, o que esse garoto te fez para tamanha perseguição?

– Ele me deve e vai pagar!

Nesse momento, Yvonne entrou no banheiro e falou assertivamente:

— Você precisa deixar Dudu seguir com a vida dele em paz. Qual a razão para essa persistência em envolver o garoto?

— Bem, de verdade mesmo, ele não fez nada...

— Então por que a perseguição? — eu indaguei curioso.

— Fui contratado para ficar no pé dele até ele cometer o suicídio.

— E o que você vai receber em troca? — ela indagou com seriedade.

— Serei promovido na organização e terei um hospedeiro humano só para mim. Poderei fumar e beber novamente como fazia antes.

— Mas, e a sua família? Você pretende viver assim até quando?

— Não sei... Mas, preciso satisfazer minhas vontades.

— Você está sendo usado como vampiro para sugar as energias de seus semelhantes que estão encarnados, como faz com Dudu. Não é isso, Luiz Sérgio?

— É isso mesmo, Yvonne. Como é o seu nome?

— Me chamo Anísio.

Ele nos manifestava mais ignorância do que maldade em suas ações.

— Anísio — Yvonne falou com inflexão carinhosa na voz — você precisa se cuidar e deixar essa organização das trevas.

– Eu não posso, porque eles me matam...

Nós nos entreolhamos e contemplamos aquele homem de aspecto simples com compaixão.

A aparência de Anísio, que revelava certa morbidez, era algo que ele tinha incorporado em seu psiquismo, enredado que foi por espíritos muito inteligentes que dirigem falanges de obsessores nas dimensões mais obscuras do mundo espiritual. São entidades que agem a favor das organizações criminosas das duas dimensões. Mentes encarnadas e desencarnadas que se vinculam para propagar e manter o império da ignorância no mundo.

E muitos jovens têm sido presa fácil dessas organizações criminosas.

– Nós queremos te ajudar, Anísio.

– Yvonne tem razão. Desejamos auxiliar você a mudar de vida e a compreender realmente a sua situação.

– Vou pensar se quero isso para mim. Agora me deixem em paz.

– Enquanto você pensa, mantenha-se afastado de Dudu – aconselhei.

– Não posso abandonar meu posto ao lado dele, a organização não permitiria.

– A partir de agora eu ficarei ao lado de Dudu, e você irá se afastar – alertou Yvonne.

Anísio, desconcertado e perdendo o controle emocional, que era pouco, nos xingou grosseiramente e saiu correndo dali.

— Ele poderia ter aceitado nossa ajuda, Yvonne.

— É o que conversamos quando nos deslocávamos para a Terra, Luiz Sérgio. A ajuda sempre vem, mas nem sempre estamos dispostos a aceitá-la como nos é oferecida.

Voltamos para junto de Dudu, e dessa vez ele estava na cozinha, onde Cleide lhe preparava um lanche. A empregada era pessoa muito simples, mas dedicada e responsável com seus afazeres e nutria carinho por Dudu, já que tinha um filho adolescente praticamente da mesma idade. Ela sabia muito bem o quanto era complicada aquela idade.

Observávamos o semblante de Dudu, que parecia mais falante e solto após o afastamento de Anísio.

— Ele parece estar mais animado, Yvonne.

— Sim, é verdade, mas certamente Anísio irá voltar e possivelmente trará outros espíritos iguais a ele. A situação é emergencial e devemos estar atentos.

Enquanto conversávamos, fomos surpreendidos pela chegada de uma entidade que se aproximou com amabilidade, dizendo:

— Amigos, agradeço sua ajuda e intervenção, me chamo Aníbal e sou avô de Dudu, por parte de pai.

— Já ia indagar Yvonne acerca dos espíritos protetores de nosso Dudu. Onde estariam?

— Pois é, sou um dos espíritos familiares que tenta aproximar os pais dele de casa. Mas, infelizmente, minhas ações não vêm obtendo êxito. Meu filho e a esposa vivem deslumbrados com a mordomia que o dinheiro pode adquirir. Eles ficam pouco em família e não atentam para o meu neto, que por sua vez e pelas próprias necessidades evolutivas, não consegue lidar com a família fragmentada. Eles não são pessoas más, pelo contrário. Só não conseguem entender que o dinheiro não pode substituir a família. E que o filho é o grande tesouro, muito mais importante do que a conta bancária polpuda.

— Essa realidade, Aníbal, não é privilégio de quem tem dinheiro – falei com tristeza. – Muitas famílias estão perdidas porque a ilusão tem embriagado os corações que se portam de maneira infantil. As pessoas querem gozar a vida egoisticamente e mais nada.

— A verdade é que o meu neto está com a porta do coração aberta para a influência espiritual das trevas. Os pais não ofertaram valores éticos morais na educação desse menino de maneira a ajudá-lo a enfrentar os revezes da vida. Ele tem tudo, mas ao mesmo tempo não tem nada. Nunca se frustrou, porque foi coberto de ouro, mas não o cobriram de carinho e de exemplos.

Os olhos de Aníbal se encheram de lágrimas.

— Vamos nos esforçar para livrá-lo da ideia suicida.

— Vamos juntar forças, Aníbal, e fazer o que Yvonne está dizendo, ajudá-lo a se livrar da ideia suicida.

O sofrimento

– Como poderemos encaminhar Jonatan para algum grupo que o auxilie a lidar com a mediunidade? – Augusto perguntou preocupado.

– São muito poucos os dirigentes espíritas e as instituições que estão preparadas para prestar esse acolhimento e orientar de maneira precisa e segura os adolescentes que sofrem influências espirituais ostensivas por serem médiuns – Zoel comentou, inquieto com a situação.

– Amigos, é justamente o objetivo desse nosso trabalho em conjunto. Nosso esforço em levar esse relato através de um livro para pais e educadores é no sentido de desnudar o que se passa nas duas dimensões, e do que as pessoas não estão se dando conta – Yvonne falou em tom confiante.

* * *

– Que bom que vocês chegaram! Aqui nós conseguimos afastar um espírito que fazia algum tempo enfrentava Lindaci com o desejo de envolver

Jonatan psiquicamente. Como foi com o Dudu? – Augusto indagou demonstrando ansiedade.

– A situação está momentaneamente sob controle, mas não está resolvida. O deixamos em companhia de Aníbal, seu avô e protetor – esclareci.

– O que podemos fazer para ajudar Jonatan de maneira a capacitá-lo a lidar com a própria mediunidade e se imunizar do conflito com o pai? – Augusto questionou.

– Ele estava sob influências espirituais que o manipulavam, aproveitando a porta emocional aberta pela dificuldade em se relacionar com o genitor. São as mesmas influências exercidas sobre Dudu e outros jovens. Temos de contar com a diretora da escola, pois ela pode ser o nosso instrumento mais útil – Yvonne esclareceu.

– Podemos conversar com ela durante o sono físico – Zoel sugeriu.

– É uma boa medida! – eu concordei. – Vamos nos dividir nesse momento. Sugiro que Zoel fique aqui com Lindaci. Augusto pode se juntar ao Aníbal para auxiliar nos cuidados com Dudu, eu e Yvonne iremos nos encontrar com Priscila durante o sono físico dela. Vocês concordam?

– São ações necessárias e urgentes, porque não temos a dimensão do quanto essa organização das trevas vem influenciando os jovens dentro daquela escola.

– Isso mesmo, Yvonne, precisamos trabalhar com urgência – Zoel afirmou, revelando preocupação.

– Ei, pessoal, estamos nos esquecendo de alguém!

– De quem, Augusto? – eu perguntei curioso.

– Vitório, o outro adolescente que se mutilava junto com Dudu e Jonatan.

– Tem razão! Antes de conversarmos com Priscila, podemos passar pela casa dele. Concorda, Yvonne?

– Certamente, vamos lá agora.

Fizemos uma prece comovida, pedindo amparo ao Alto para podermos discernir as escolhas que deveríamos fazer. Em seguida, nós nos despedimos com votos de paz e confiança para a continuidade do trabalho.

Rapidamente nos deslocamos para a casa de Vitório. Era um edifício luxuoso, e ao chegarmos à portaria, nos deparamos com o porteiro que se dirigia a um jovem senhor, elegantemente trajado:

– Aqui está uma encomenda entregue no final da tarde em nome de seu filho Vitório.

– Obrigado, deve ser mais uma das revistas que ele assina – o homem cumprimentou o porteiro e seguiu para o elevador.

Aproveitamos para acompanhá-lo. Após quinze andares a porta se abriu, saímos do elevador e adentramos uma sala ricamente decorada.

O pai de Vitório foi ao banheiro, e nós nos dirigimos ao quarto dele.

Por mais experiente que eu seja no trabalho de resgate e amparo aos jovens, a cena que presenciei junto de Yvonne jamais será esquecida: o garoto Vitório estava na sacada de seu quarto, de pé no parapeito. Ao lado dele, tentando segurar suas pernas, uma entidade luminosa orava e pedia que ele interrompesse o ato extremo. Mas, quase no mesmo momento, vimos quando ele se atirou para o abismo do suicídio.

Em uma ação puramente instintiva, eu me joguei pela sacada como se pudesse impedir o ato que Vitório tinha praticado por escolha e liberdade própria.

Acompanhei a queda, andar por andar, e ouvi o som indescritível do corpo estatelando-se no chão.

Sentei e chorei.

Nesse instante, Yvonne passou a mão em minha cabeça me levantando e me acolhendo num abraço. Ela tentou articular uma palavra, mas percebi que sua voz tinha embargado.

O corpo do garoto Vitório fora aniquilado, mas o espírito estava vivo, e nós precisávamos fazer algo. Olhamos para a massa celular disforme contorcida no chão e vimos Vitório, em espírito, caído ao lado do corpo. Tentarei descrever dentro das minhas limitações a cena surpreendente.

Yvonne veio em meu socorro esclarecendo, porque até naquele momento trágico havia algo a se aprender.

De todo o corpo espiritual de Vitório saíam pequenas fagulhas.

— Essas fagulhas que você vê são as energias oriundas do fluido vital que se esvai ante o rompimento dos liames do corpo físico com o perispírito. São como sinapses elétricas que se mostram aos nossos olhos revelando o rompimento energético ocorrido. Guardadas as devidas dimensões, é como um cabo de alta tensão que se rompe e a corrente elétrica das partes rompidas se exterioriza feito fagulhas de energia. Note que em todo o corpo perispiritual dele o processo se repete de centenas a milhares de pequenos pontos rompidos. Ele vai levar bom tempo em estado de perturbação até que gradativamente a consciência retorne, mas evidenciando oscilações que são as perturbações mentais que se instalam na mente de quem comete o ato ilusório do suicídio.

— A bênção da reencarnação é verdadeira conexão energética entre o corpo físico e o perispírito, e Vitório, por vontade própria, foi expulso do corpo. Ele trazia consigo desde o nascimento a carga fluídica necessária para viver durante determinado número de anos na Terra. Como era muito jovem, a "bateria" de fluido vital estava com carga plena, e agora vemos diante de nossos olhos o fluxo energético se esvaindo através das conexões bruscamente rompidas.

Nesse instante, a entidade que desesperadamente tentava segurar as pernas de Vitório, antes do salto para o nada, se aproximou. Estendemos os braços para ela e nós nos entregamos os três a um abraço solidário.

Na dimensão material as pessoas à volta gritavam ensandecidas. O quadro era extremamente doloroso e de difícil narrativa. Os pais de Vitório se aproximaram e a mãe desmaiou diante da cena.

Dali em diante era confusão e dor. E os comentários eram os mesmos de situações semelhantes, que já ouvi tantas vezes:

"Ele tinha tudo, como pôde fazer isso?

Os pais não mereciam essa dor!

Tá vendo, eles tinham dinheiro, mas quem disse que dinheiro compra felicidade?

Isso é bem feito, é falta de Deus no coração!"

E os comentários se repetem expressando a falta de entendimento e solidariedade, até que uma senhora de idade avançada se aproximou, e trazendo um terço nas mãos, pediu licença e proferiu uma prece em benefício de Vitório e seus pais.

O sentimento sincero esparzido pela oração daquela mulher envolveu Vitório em suaves vibrações, e mesmo ele vivenciando um estado acentuado de perturbação, a oração foi como um bálsamo para o coração dos pais que se encontravam aturdidos. A oração nascida de um coração sincero sempre promove prodígios.

A história de Vitório

Pedimos ajuda ao departamento responsável pelo socorro prestado aos jovens suicidas, e Vitório foi levado dali para o Hospital Maria de Nazaré.

Ao presenciar a cena da misericórdia de Deus se manifestando através do socorro prestado ao adolescente, Yvonne comentou:

– Todos os filhos de Deus estão em um grande vale de amor, onde cada caso é um caso, que se diferencia pelo histórico reencarnatório e as circunstâncias em que o suicídio ocorre.

– Meu nome é Indira e fiz o que pude para evitar esse momento. Mobilizei todos os recursos para amparar toda a família. Vitório é um espírito muito inteligente e sensível, motivo de muito orgulho para seus pais. Entendendo fazer o melhor, os pais dele o protegiam excessivamente. Existia o medo da violência, essa neurose comum a todos os pais atualmente. O menino não andava sozinho, mesmo com quinze anos, pois a educação que o protegia era a mesma que tolhia o desenvolvimento natural e o contato com as dores do mundo. Dessa forma, ele teve uma criação castradora em muitos aspectos. Ao mesmo tempo, era exposto em redes sociais igual a um pequeno gênio, pois seus pais exaltavam demasiadamente todas as conquistas acadêmicas obtidas por Vitório. Se houvesse qualquer crítica da parte de alguém, eles se enfureciam e não acreditavam que o filho tivesse outras necessidades além daquelas que eles entendiam ser as únicas necessárias. Ele já tocava alguns instrumentos, aprendia facilmente o inglês e o espanhol. Mas, não tinha vida natural como todo adolescente deve ter. Compromissos e disciplina, mas também liberdade para se desenvolver psicologicamente de maneira saudável.

Ouvíamos a narrativa de Indira para compreendermos aquele drama e podermos auxiliar de modo mais efetivo.

Ela prosseguiu:

– De alguns meses para cá, Vitório começou a praticar a automutilação junto com outros adolescentes. Cada um deles tem os dramas e conflitos próprios, mas no caso de Vitório os conflitos aumentaram quando suas notas na escola começaram a cair. O desempenho dele não era mais o mesmo porque apresentava dificuldade de aprendizado para algumas disciplinas. Ao tomar conhecimento da nota baixa do filho, o pai o chamou para uma conversa e o tratou com certa rudeza. Aos berros ele adjetivou o filho exigindo notas altas. Por mais dois bimestres as notas baixas se sucederam, e o pai adotou o discurso de que Vitório o envergonhava perante as pessoas. A mãe se omitia apoiando a pressão emocional que o pai exerce.

Indira fez uma pausa.

Nesse momento, a polícia já havia cercado o local da queda, e o corpo de Vitório estava coberto.

— Enquanto isso acontecia, fui mobilizando os esforços possíveis para ajudar a família. Conversamos com o pai de Vitório em espírito, durante o sono físico. Buscamos a mãe para uma intervenção nas ações de cobrança do pai, não obtivemos sucesso. Recrutei outros espíritos que haviam convivido com esse grupo familiar desde outras encarnações. Eles atenderam ao nosso chamado e agiram dentro do campo em que o livre-arbítrio das pessoas seja respeitado. Tudo em vão. O processo da automutilação se acentuou, e minha influência e ascendência espiritual foi perdendo a força. Preocupada, eu me mantinha em vigília, mas ainda assim esbarrava na vontade e liberdade de ação que cada um tem sobre a própria vida.

— Os adolescentes revelam seus conflitos emocionais de alguma maneira, mas eles não planejam o suicídio como fazem os adultos. São raros os casos em que existe uma preparação. Normalmente, eles se matam por impulso, como se depois daquela ação eles pudessem voltar atrás. Então, é muito comum, e aí está o perigo de o adolescente se suicidar por uma situação de rebeldia em que ele queira chamar atenção sobre si. E nessa hora o ato insano se dá.

— Sei bem o que é isso. Dessa dor, infelizmente eu me tornei sábia. Agi de forma recorrente pondo fim à minha vida por ignorância e rebeldia contra as leis de Deus que me traziam uma proposta educativa, não um castigo do jeito que eu acreditava. Observo com pesar que muitos suicídios ocorrem no mundo, onde os valores estão invertidos. Priorizam-se as vaidades humanas e o orgulho em detrimento do que de fato é importante para cada um de nós.

— Os pais acreditam na felicidade dos diplomas acadêmicos, não que isso não seja importante, mas a primeira preocupação de todo educador deveria ser em relação às coisas essenciais e que trazem sentido à vida — falei aproveitando a pausa.

— Vitório tem uma história junto aos seus pais que não começou nessa encarnação. Eles já viveram outras vidas como outros personagens. A atitude extremada de hoje tem suas raízes em tempo passado. Já tive a ventura de receber Vitório e Alípio, esse é o nome do pai dele, como meus filhos. No século XIX, na cidade do Rio de Janeiro, meu marido foi vítima de moléstia insidiosa, me deixando viúva com os dois meninos. A educação deles foi pautada em bons princípios e valores éticos morais rígidos. Frequentávamos a igreja regularmente e, pela condição financeira invejável que desfrutávamos pelo trabalho e dedicação do meu esposo, dávamos polpudas contribuições para a igreja. As fazendas herdadas demandavam comprometimento e trabalho, e Vitório, naquela época, era quem conduzia os negócios e cobrava de Alípio a mesma dedicação e esmero em todas as situações.

A narrativa mal começara e já nos emocionava, por constatar mais uma vez a misericórdia de Deus pela bênção da reencarnação.

Indira prosseguiu:

– Toda a pressão e cobrança que o adolescente Vitório experimentava em seu compromisso com a escola, por parte de Alípio, agora seu pai, era amena diante do que ele exigia do irmão na vida passada. Vitório, que na oportunidade tinha o nome de Esdras, chegava a deixar o irmão sem recursos materiais mínimos, o que de certa forma humilhava Alípio perante o nosso grupo social. Em dado momento, eles chegaram às vias de fato, e um crime não foi cometido por causa da minha intercessão.

As reminiscências que afloravam na narrativa traziam ao coração de Indira emoções profundas, e novamente ela precisou interromper a fala para administrar os fatos agora revividos.

– Diante do quadro doloroso e do ódio crescente entre irmãos, sugeri a divisão dos bens, que cada um fizesse o que desejasse com a parte que lhe cabia. Esdras rejeitou a proposta conciliadora e passou a exigir mais do irmão. Novas brigas aconteceram, e aos poucos fui adoecendo. Em pouco tempo estava acamada, e em breves meses deixei a vida física. E lamentavelmente do mundo espiritual, junto com o pai deles, testemunhávamos a rivalidade e a contenda aumentarem. Até que um dia, sem conseguir administrar os tormentos que lhe compungiam a alma, Alípio suicidou-se, e Esdras, dando-se conta do quanto tinha sido desumano com o próprio irmão, passou o resto de sua existência corroído pelo remorso.

Alípio imaginava que com o suicídio se livraria dos sofrimentos e das contendas com o irmão, mas para sua decepção agravou ainda mais a sua situação.

Vagou muito tempo na dimensão espiritual tentando retirar do pescoço a corda com a qual se enforcara.

A impressão de sufocamento era desesperadora e constante, daí ele ter renascido com problemas crônicos no aparelho respiratório.

Indira não conseguiu conter as grossas lágrimas que banhavam seu rosto, mas, num esforço imenso, continuou a sua narrativa.

— Anos após a desencarnação de todos os personagens, nós nos reunimos na dimensão espiritual confiantes de que a reencarnação repararia os erros perpetrados na vida anterior. Amparados por dedicados orientadores, recebemos um planejamento reencarnatório que traria novas oportunidades de aprendizado a todos os envolvidos. Eu não voltaria à vida física, mas estaria ligada diretamente à orientação e proteção de toda a família. Dessa vez, Esdras seria filho de Alípio e o conduziria pelo amor e o perdão ao aprendizado e à tolerância com os semelhantes. Meu esposo retornou junto com eles, agora em corpo feminino, e casou-se com Alípio, pois ambos se comprometeram a amparar Vitório em sua jornada pelo mundo. Infelizmente, Vitório sucumbiu às exigências do pai e arrojou-se ao suicídio, frustrando o planejamento reencarnatório que envolvia a todos nós.

O silêncio nos envolveu por alguns instantes, até que Yvonne comentou respeitosamente:

— O ato intempestivo de Vitório custará a ele algumas dezenas de anos para a reparação perante as leis que regem a vida. Mas felizmente, Deus em seu amor incomensurável não nos retira da escola da vida. O nosso Vitório precisará recomeçar o aprendizado novamente.

– Por trás desses dramas juvenis, embora os conflitos familiares desses tempos, existe uma biografia reencarnatória, pois todos nós trazemos nas atitudes os traços da história que vem sendo escrita ao longo dos séculos – eu argumentei.

Morte na escola

Ainda naquela noite, grupos de mensagens em redes sociais, dos quais Vitório participava, começaram a espalhar a notícia.

Pela manhã, os alunos não entraram em sala de aula, e a direção da instituição decidiu suspender as atividades daquele dia.

Era preciso pensar.

Por que adolescentes, que tinham todo conforto material e estudavam em uma das mais renomadas escolas do país, estavam se matando?

"Esses adolescentes têm tudo, o que é que lhes falta?"

A pergunta era feita pela proprietária da escola, que estava preocupada com a exposição negativa na mídia. Afinal, era preciso zelar pela instituição que jamais se viu envolvida em escândalos dessa natureza.

Convencida pela diretora Priscila e demais membros da direção que fizeram injunções junto à proprietária, ela decidiu declarar luto por três dias. No entanto, todos os professores e profissionais da escola estavam convocados para uma reunião emergencial. Era preciso detectar as razões, os reais motivos para que um fato como aquele acontecesse.

Estávamos junto aos alunos na quadra da escola, observando as reações de Dudu e Jonatan. Assim que eles se encontraram, trocaram um abraço demorado e emudeceram. Ambos de capuz na cabeça e os braços encobertos para que ninguém descobrisse as marcas dos cortes, eles aguardavam notícias.

Embora o contato com Vitório fosse próximo, ele acontecia apenas no colégio, foi o que pudemos constatar.

Infelizmente, ouvimos no burburinho das conversas outras vozes juvenis dizendo que queriam ter a mesma coragem que Vitório.

Outros diziam: *Daqui a pouco é minha vez!*

– Para grande parte desses adolescentes a vida não responde aos anseios que eles carregam no coração. Todos os valores estão assentados nas coisas efêmeras da vida material. E muitos pensam: "Faltou prazer, ou novidades para preencher o meu vazio existencial, eu me mato". Esse era o discurso que testemunhávamos aqui e, tenho certeza, em muitas escolas de qualquer condição social. Estamos vivendo uma crise de valores familiares.

– É verdade, Luiz Sérgio. Por isso, esse é o bom combate. A luta urgente e necessária. O Espiritismo tem as respostas, mas elas precisam chegar ao coração de nossos jovens. O elo que precisa ser fechado é a linguagem adequada. Precisamos entrar nesses corações que se encontram perdidos. Eles buscam respostas, mas os adultos não sabem o que dizer. Ainda estamos longe de promover uma educação que esclareça sem conceitos castradores, complementou Yvonne.

— Meu anseio de sempre é falar de espiritualidade para os corações, para as dores e prantos do mundo. Jesus não é catedrático de paixões, ele nos fala de vida e amor com respeito ao que os espíritos experienciam no estágio em que se encontram.

— Os alunos foram dispensados, e Dudu e Jonatan estão indo direto para o velório do corpo do Vitório. Augusto, que ouvia tudo até aquele momento, interrompeu a nossa conversa:

— Vamos acompanhá-los.

— A psicosfera da escola está tremendamente densa. E alguns jovens estão muito impactados pelo suicídio de Vitório. Temo que outro caso se repita.

— Será possível, Yvonne?

— Sim, Zoel. Aqueles que se encontram na mesma faixa vibratória são sugestionados pela própria fragilidade emocional e pela influência de entidades suicidas que se aproximam aproveitando o momento. A sintonia é uma força pouco conhecida pelos homens em todos os campos de ação. Os afins se procuram e, uma vez se identificando, exercem irresistível atração uns sobre os outros. Isso se dá na esfera sexual quando muitos terminam por se envolver e acreditam que ocorreu um processo de encantamento e conquista, mas se equivocam. Muito antes do encantamento, a sintonia energética de gostos e interesses já promoveu a conexão. Daí a necessidade de estarmos vigilantes com os nossos jovens.

– Sabemos que todos têm proteção espiritual, mas a proteção perde a força quando os envolvidos se obstinam a buscar a satisfação de suas paixões. E é justamente nesses momentos que o campo psíquico está, digamos assim, com "baixa imunidade", então ocorre a "invasão" dos obsessores que encontram campo farto para envolver, e na maioria das vezes comandar as ações de suas vítimas.

A maneira como Yvonne explicitava a questão da sintonia felicitava a todos nós pela nova perspectiva de aprender algo de uma forma diferente.

Partimos da escola acompanhando Jonatan e Dudu.

O quadro com o qual nos deparamos ao chegar no velório era consternador. Os pais de Vitório estavam inconsoláveis e não conseguiam aceitar como aquilo podia ter acontecido. Por mais que eles procurassem o motivo para tão grande desatino, não podiam compreender.

A mãe e o pai estavam sob efeito de medicamentos pesados.

Indira, nos bastidores do velório, junto a demais espíritos familiares, tentava dissolver a densa psicosfera que promovia o desatino dos encarnados ali presentes e dos que chegavam, que contagiados pela terrível situação, também se arrojavam a prantos convulsivos e gritos descontrolados.

– Em uma situação como essa, se os encarnados soubessem o quanto afetam com esse desespero o espírito que partiu, se esforçariam por controlar um pouco mais essa gritaria – comentei.

– Vitório ainda não pode registrar esses dardos energéticos desesperadores enviados em sua direção porque seu estado é de momentânea alienação – Zoel obtemperou, com pesar.

– Vamos nos unir aos demais trabalhadores de nossa esfera para uma prece – sugeriu Augusto.

– Sim, Augusto. É uma atitude mais do que necessária – Yvonne aquiesceu.

Silenciamos e oramos com carinho, envolvendo principalmente os pais de Vitório. À medida que orávamos, brando silêncio se instalou no ambiente.

Dudu e Jonatan foram abraçados com intensa emotividade pelos pais de Vitório.

A mãe do jovem suicida não resistiu à emoção e desmaiou mais uma vez.

– O suicídio promove grande desarranjo no lar, porque todos são afetados pelo fato determinante de mexer no planejamento reencarnatório de toda a família. Todos que se unem para a experiência consanguínea são comprometidos mutuamente com o processo evolutivo de todo o grupo. Sei perfeitamente o que causei na vida dos corações amados por ter abdicado da vida mais de uma vez.

Ouvimos aquelas palavras de Yvonne, que mais do que ninguém podia nos orientar quanto às consequências da atitude de autoextermínio.

Durante o velório, como em qualquer outro, ocorria um fenômeno curioso. Ocorriam três velórios em salas diferentes daquele complexo que estava situado ao lado de um crematório. E durante o desenvolvimento da despedida dos mortos, sempre entravam curiosos para observar quem tinha morrido.

O caso de Vitório chamava muita atenção por se tratar de um adolescente que havia se suicidado. Então, vez por outra entrava uma pessoa e se abeirava do caixão, fazia o sinal da cruz e se afastava. Da mesma forma, alguns espíritos desencarnados que não tinham nada a ver com o morto ou com a família agiam do mesmo jeito. Entravam, se abeiravam do caixão e saíam.

Alguns até olhavam para os pais de Vitório e diziam:

Meus sentimentos!

Nas duas dimensões da vida todos têm consciência da relevância do momento delicado da desencarnação, do instante sagrado do retorno à verdadeira pátria da qual todos nós somos originários.

Deixar a vida física é experiência absolutamente relevante na trajetória de todos os filhos de Deus.

A influência dos espíritos

Surpreendendo todos nós, Jonatan começou a passar mal.

— É envolvimento mediúnico! — Yvonne alertou.

Nós nos acercamos dele e percebemos que ele registrava em seu campo sensorial a presença das muitas entidades que transitavam pelo ambiente. Algumas delas revelavam delicados distúrbios psíquicos, fazendo com que suas vibrações descompensadas pudessem ser captadas pelo médium mais sensível ali presente.

— Precisamos de alguém para aplicar um passe dispersivo no centro de força coronário de nosso Jonatan — Yvonne observou.

Identificamos a presença de Priscila, sentada do lado de fora da sala onde estava o corpo de Vitório. Imediatamente, fui até ela e a envolvi fluidicamente, sugerindo em seu psiquismo que entrasse na sala onde estava o caixão.

Médium de condição ostensiva, ela registrou minha influência e atendeu à sugestão se afastando das pessoas com as quais conversava. O dia estava quente, e Priscila tinha um leque em suas mãos. Assim que ela percebeu a inexplicável tontura experimentada por Jonatan, caminhou até ele e começou a fazer movimentos rápidos com o leque abanando o garoto no alto da cabeça e, ao mesmo tempo, dispersando a concentração de fluidos sobre o centro de força coronário.

– Você é muito atento a tudo, não é, Luiz Sérgio? – Yvonne disse com discreto sorriso.

Zoel e Augusto piscaram para mim.

Jonatan, lentamente, recuperou sua lucidez.

– Quantos adolescentes não estão passando por situações das mais dolorosas na vida pelo fato de serem médiuns e não terem alguém para os orientar? – Augusto indagou.

– É justamente essa uma das questões mais relevantes a respeito da qual precisamos falar para os nossos irmãos encarnados, se não bastassem as dificuldades instauradas nos lares por causa dos problemas familiares. Se não fossem poucos os conflitos emocionais desses dias de banalização do sexo, da falta de valores éticos morais nas relações, ainda temos a mediunidade como questão central de muitos dramas, e as pessoas não se dão conta, além de não terem conhecimento sobre tão relevante tema.

– A mediunidade é uma condição orgânica que está presente desde que o espírito reencarna. Ela não é deflagrada quando se chega à maioridade. A mediunidade está presente nas vinte quatros horas que dura um dia. Muitos de nossos jovens são médiuns, mas não sabem como lidar com essa capacidade sensorial, porque mesmo no meio espírita as pessoas não se apercebem dessa realidade mais comum do que parece. Essa informação precisa ser mais divulgada para o mundo de forma inteligente e que não pareça proselitismo, nem conversa de fanáticos.

A fala de Yvonne Pereira nos arrebatava pela verdade contida em suas palavras. Ela nos olhou, individualmente, fazendo breve pausa e prosseguiu:

– Será que só existiam médiuns adolescentes na época em que Allan Kardec codificou o Espiritismo? Evidente que não! Eles estão por aí se suicidando, se mutilando, perdidos, sem saber como lidar com a própria sexualidade. Vivemos um tempo em que a educação espiritual precisa passar pelos cuidados com a vida material. Desejo de todo coração que o Espiritismo seja conhecido em toda plenitude, para que possamos compreender o que de fato ele pode promover na vida de todas as criaturas, crianças, jovens e adultos.

– A mediunidade na puberdade e em toda fase juvenil é um dos grandes fatores predisponentes a distonias emocionais. Muitos jovens desembarcam na dimensão espiritual, portadores de desequilíbrios psíquicos terríveis, por acreditarem que eram vítimas de processos alucinatórios, de perseguições sem fim. O assunto merece de nossa parte estudo mais detalhado. Aí está o jovem Jonatan, descompensado emocionalmente, por não saber que carrega em si um instrumento que faculta a seus portadores a capacidade de servir aos seus semelhantes. O Espiritismo necessita assumir seu papel de Educador através dos que se afirmam espíritas, principalmente na compreensão dos aflitivos problemas juvenis.

Optamos pelo silêncio a fim de meditar mais na dimensão do material fornecido pela trabalhadora dedicada, Yvonne Pereira.

– Como foi sua juventude como médium? – Zoel indagou.

– Atormentada – ela respondeu sem titubear e prosseguiu: – Um sobe e desce emocional constante, e não fosse a proteção espiritual que sempre me acompanhou, certamente eu teria sucumbido às provas que experimentei. As crises se instalavam, e algumas lembranças de vidas passadas me desnorteavam. A não aceitação do meu pai consanguíneo na minha última encarnação me trouxe muitos sofrimentos. Mas, a mão amorosa de alguns benfeitores, principalmente de Charles e de Bezerra de Menezes, me amparou na travessia da idade juvenil para a fase adulta. Não faltavam angústias a me sufocar junto às lembranças que me sitiavam. As ideias suicidas sempre rondaram minha mente, principalmente durante a adolescência. A conjuntura de vida bem difícil e limitada no aspecto material junto aos sonhos de qualquer garota adolescente me levaram a questionar muitas vezes a justiça das coisas. Mas, felizmente, a Doutrina Espírita se tornou o meu Cirineu, e não foram raras as vezes que ao dobrar os joelhos sob o peso das minhas imperfeições, a mensagem dos Espíritos veio em meu socorro, e pude tomar minha cruz nos braços e seguir adiante.

– Yvonne, entendo com muita clareza e alegria o porquê de sua presença entre nós. Não poderia ser diferente, apenas alguém que tenha vivenciado os caminhos e descaminhos do aprendizado espírita na condição de médium poderia falar, ajudar e ensinar sobre a prática mediúnica para os nossos adolescentes – eu comentei.

– Precisamos priorizar a educação espírita, pois ela pode minimizar os males que o ópio materialista vem impondo à nossa juventude. Nossas dignas instituições podem esclarecer e socorrer os transviados do caminho que desconhecem as realidades espirituais. Allan Kardec nos legou a aceitação da realidade da mediunidade na adolescência quando trabalhou com garotas médiuns na obra da codificação.

Nós nos entreolhamos e nos sentimos beneficiados pelo aprendizado que Yvonne estava nos ofertando.

– Dudu não tem a mesma percepção mediúnica que Jonatan, mas não podemos nos esquecer de que os espíritos influenciam os nossos pensamentos, como estudamos em O Livro dos Espíritos na questão 459. Sendo assim, médiuns ostensivos ou não, crianças e jovens são influenciados pelos espíritos.

Quanto aprendizado temos à disposição, mas precisamos trazer Allan Kardec para nossa vida prática. É isso que espíritos como Yvonne fazem, vivem o que ensinam.

Precisamos aprender a conceber a vida entre as duas dimensões como característica comum do intercâmbio que ocorre em todas as idades. Não é possível dissociar os adultos dos jovens e das crianças. De verdade, os espíritos influenciam-se mutuamente em qualquer período da idade física.

A falta de entendimento dessa realidade vem arrastando incontáveis adolescentes para a vala dos dramas emocionais sob o jugo de dolorosos processos obsessivos.

Nossa atenção se voltou para o ambiente e mais uma vez nos recolhemos em prece para auxiliar na manutenção da paz.

459 – "Os Espíritos influem sobre os nossos pensamentos e as nossas ações?

– Nesse sentido a sua influência é maior do que supondes, porque muito frequentemente são eles que vos dirigem." O Livro dos Espíritos.

Vossos jovens profetizarão

O velório seguiu seu curso, e a tristeza se acentuou no coração de todos os presentes.

No momento do sepultamento, a mãe de Vitório não estava presente, e o pai estava de certa forma anestesiado pelas medicações necessárias para minimizar o precário estado emocional e a revolta.

Um padre foi chamado para dar encaminhamento a alguns ofícios religiosos, mas foi interrompido algumas vezes por alguns parentes, que gritavam descontrolados:

– Onde está Deus? Isso tudo é uma mentira! Por que jovens como o Vitório se suicidam? É o demônio, ele sim existe. Porque se Deus existisse mortes assim não aconteceriam.

Algumas pessoas mais calmas intercediam para asserenar os ânimos, mas o ambiente estava impregnado de energias e vibrações descompensadas.

Após o sepultamento do corpo saímos dali e fomos para a casa de Dudu, que convidou Jonatan para almoçar com ele.

Aproveitando aqueles momentos de aprendizado, eu pedi à Yvonne que nos falasse mais um pouco acerca da mediunidade na infância e na adolescência.

– Posso falar apenas daquilo que é fruto de minha própria experiência. Nesses assuntos não pode haver especulação ou opinião própria, porque corremos o risco de influenciar negativamente a vida de muitos que vão ler essas páginas. Podemos citar o profeta Joel, que nos diz em Atos dos Apóstolos, 2:17-21:

"E nos últimos dias acontecerá, diz Deus, que do meu Espírito derramarei sobre toda a carne. E os vossos filhos e as vossas filhas profetizarão. Os vossos jovens terão visões. E os vossos velhos sonharão sonhos;

E do meu Espírito derramarei sobre os meus servos e as minhas servas naqueles dias, e profetizarão;

E farei aparecer prodígios em cima, no céu. E sinais em baixo na terra, sangue, fogo e vapor de fumo.

O sol se converterá em treva. E a lua em sangue. Antes de chegar o grande e glorioso dia do Senhor;

E acontecerá que todo aquele que invocar o nome do Senhor será salvo."

Yvonne fez uma pausa em suas colocações, e por instantes, pareceu buscar em suas lembranças nova citação para fundamentar seus argumentos.

Aguardamos ansiosos pela continuidade de seu raciocínio, que não se fez esperar, e novamente ela trouxe Allan Kardec com uma didática simples e profundamente esclarecedora:

– Em janeiro de 1861, com a publicação de O *Livro dos Médiuns,* Allan Kardec veio repetir as palavras do profeta Joel, mas de maneira mais simples, porém, não menos abrangente. A questão é que nós somos muito limitados, e só agora pela demanda da dor que a humanidade experimenta é que os nossos olhos começam a se voltar para o que nos foi ensinado pelo profeta Joel e pelo insigne professor Allan Kardec. Ele escreveu no item 159 do citado livro em seu capítulo XIV:

"Todo aquele que sente, num grau qualquer, a influência dos Espíritos é, por esse fato, médium.

Essa faculdade é inerente ao homem; não constitui, portanto, um privilégio exclusivo. Por isso mesmo, raras são as pessoas que dela não possuam alguns rudimentos. Pode, pois, dizer-se que todos são, mais ou menos, médiuns.

Todavia, usualmente, assim só se qualificam aqueles em quem a faculdade mediúnica se mostra bem caracterizada e se traduz por efeitos patentes, de certa intensidade, o que então depende de uma organização mais ou menos sensitiva.

É de notar-se, além disso, que essa faculdade não se revela, da mesma maneira, em todos.

Geralmente, os médiuns têm uma aptidão especial para os fenômenos desta, ou daquela ordem, donde resulta que formam tantas variedades, quantas são as espécies de manifestações.

As principais são: a dos médiuns de efeitos físicos; a dos médiuns sensitivos, ou impressionáveis; a dos audientes; a dos videntes; a dos sonambúlicos; a dos curadores; a dos pneumatógrafos; a dos escreventes, ou psicógrafos."[1]

Estávamos todos embevecidos pela grandiosa oportunidade de aprender com aquela senhora. Ela citava ensinamentos já conhecidos, mas a diferença da abordagem se encontrava no olhar, na experiência que nos apresentava nova janela para compreender muitos dos conflitos atuais, porque todas as crianças e jovens sofrem a influência dos espíritos. Limitar essa compreensão é apequenar o Espiritismo como proposta de vida.

Yvonne Pereira respirou profundamente e prosseguiu:

– O Profeta Joel nos anunciou há muitos séculos a realidade da mediunidade em nossas relações em sociedade, e a família não pode ficar fora dessa verdade. Sendo assim, indago: Nossas crianças

---
[1] Título do original francês: LE LIVRE DES MÉDIUMS ou GUIDE DES MÉDIUMS ET DES ÉVOCATEURS (Paris, 15 janeiro 1861) Tradução de GUILLON RIBEIRO da 49ª edição francesa – Editora FEB.

trazem consigo a própria biografia reencarnatória, todo seu histórico de vidas vividas anteriormente, laços de amor e de ódio que se desenvolveram na refrega das lutas incessantes, e que fazem parte da vida de qualquer um de nós. Dessa forma, podemos considerar que todos trazemos em nosso perispírito esses registros vibratórios. Onde estão essas centenas de personagens com os quais nos alegramos ou choramos?

Mantivemos o silêncio e a atenção em suspense diante de tão profundas reflexões, e ela prosseguiu:

– Fica evidente que grande parte dos conflitos e dores experimentados por crianças e jovens vem de suas conquistas e dores elaboradas através dos séculos. E diante de um momento de transição como esse que vivemos, com desagregação familiar, transformações sociais profundas, é natural que as dores incutidas no cerne da alma aflorem com intensidade. O Espiritismo é bálsamo e alívio para esse momento, mas precisa ser compreendido em toda a sua abrangência. Não basta que os catedráticos afirmem que conhecem todos os capítulos das obras basilares. Todos devemos nos indagar se o entendimento acerca da reencarnação nos permite olhar para um filho e compreender que não estamos diante de um corpo apenas, pois não educamos um aglomerado de células, mas é preciso concentrar nossos esforços nos espíritos imortais que vestem esses corpos infantojuvenis. Vossas crianças e jovens estão profetizando, espíritos falam por seus lábios, e suas vozes também revelam a dor que sentem na alma.

O despertar de Vitório

Três dias se passaram e acompanhamos a rotina dos dois adolescentes. As aulas foram retomadas, e frequentamos as aulas com os jovens, porque era importante estudar e sentir tudo o que envolvia a vida deles.

Junto com os espíritos protetores conseguimos afastar, pelo menos durante aquele período, a presença das entidades ligadas às organizações criminosas do mundo espiritual inferior.

A aula corria bem, quando para nossa surpresa, Vitório adentrou a sala de aula. Ainda demonstrava relativa confusão mental, mas como era de se esperar, em situações como a dele, o espírito retornou aos ambientes com quais mantinha estreita ligação.

Em um dos momentos de lucidez, ele se aproximou de Jonatan e o abraçou chorando antes que pudéssemos intervir. Instantaneamente, as vibrações confusas de Vitório foram captadas e sentidas por Jonatan, que experimentou a mesma sensação de desconforto emocional do jovem suicida.

Vitório, revelando muita confusão mental e nervosismo, procurava se comunicar:

— Jonatan... está me ouvindo? Responde... você não é meu parceiro? Fala comigo...

— Eu ouço você, Vitório! — eu abordei o adolescente.

Ele ouviu a minha fala e se voltou imediatamente para mim.

— Quem é você?

— Me chamo Luiz Sérgio e posso te ajudar, se você quiser.

— Quero apenas falar com meus amigos, já que na minha casa todo mundo me ignorou... Vi meus pais chorando, minha mãe com uma foto minha nas mãos. Não entendi muito bem o que está acontecendo.

— Fique tranquilo, essa sua sensação vai passar. Vamos deixar o Jonatan se concentrar na aula.

— Mas eu sou dessa turma, estudo com eles...

— Eu sei que você faz parte dessa galera. Mas, vamos conversar ali fora que eu te explico tudo.

Ele alterava instantes de lucidez, e era quando conseguia articular as palavras, com outros momentos em que manifestava certo alheamento pelo que acontecia à sua volta. E num desses momentos de perturbação de Vitório, Yvonne se aproximou e o abraçou com imenso carinho.

E ao recobrar a lucidez, a energia amorosa dela era tão acolhedora que Vitório se permitiu conduzir para fora da sala de aula, tal qual a criança que é recebida pela amorosidade da mãe em um abraço amoroso.

Assim que saímos, uma equipe do Hospital Maria de Nazaré se aproximou, e um dos socorristas esclareceu:

– Não pudemos controlar a reação dele assim que despertou.

– Não se preocupe, Regis, é natural que isso ocorra – Yvonne falou com amorosidade. – Sei que o trabalho é de paciência, e não será a última vez que ele buscará o convívio com os amigos e a família.

Ela entregou Vitório, como se fora uma criança de colo, à equipe socorrista, que o acomodou em uma maca, levando-o dali.

Zoel, ao observar a cena, indagou:

– Yvonne, sua mediunidade produziu para a literatura espírita uma obra clássica, que relata as dores experimentadas por um conhecido escritor português após o suicídio perpetrado por ele. Certamente, muitos leitores têm curiosidade e irão indagar sobre aquela região do mundo espiritual, que ficou conhecida como Vale dos Suicidas. O nosso Vitório não deveria vivenciar essa experiência?

– Não podemos sondar as infinitas dimensões do amor de Deus pela nossa interpretação ainda incompleta e humanizada sobre as coisas. O suicídio é um equívoco grave que o ignorante comete contra si mesmo. Cada um de nós é responsável por sua caminhada, e todos percorreram e percorrerão seus caminhos de acordo com sua compreensão da vida. Um homem que deliberadamente se suicida porque se revolta contra a cegueira, que foi resultado do abuso das paixões que cometeu em vida, irá para o mesmo "lugar" que um adolescente que tenha se atirado por impulso de um prédio? Me refiro a lugar para me fazer entender, pois não é um local geograficamente localizado, mas uma região criada pelas mentes que se associam ao mesmo tipo de vibração e sentimento. As mentes comungam da mesma matéria mental, e no enfrentamento da realidade consciencial plasmam os ambientes insalubres que a própria imaginação e remorso acentuado criam.

– A justiça humana tem desenvolvido técnicas jurídicas, que visam a diferenciar as condições em que esse ou aquele crime são perpetrados. Com isso, desenvolveu-se a teoria dos atenuantes. Dessa forma, algumas práticas criminosas são classificadas de culposas ou dolosas. Para o entendimento mínimo das sábias leis de Deus, necessitamos compreender que o olhar e justiça divina ainda são incompreensíveis à nossa percepção evolutiva. Não conseguimos absorver o conceito de amor que diz: quanto mais amor, mais justiça. O nosso ideal imperfeito de justiça grita que, quanto maior o erro nos pareça, mais castigo e sofrimento o infrator deve experimentar.

Meu desejo era ouvir mais. Queria que ela continuasse falando, porque a cada frase pronunciada mais eu me ensimesmava com alguns conceitos que ainda tinha dentro de mim.

Augusto, que havia se juntado a nós, ouviu todas aquelas colocações expressivas e não perdeu a oportunidade de indagar:

– Dona Yvonne, mas o Vitório não vai vivenciar alguma situação que o faça refletir no ato inconsequente?

– Ele vai ter o seu momento para sentir em plenitude a extensão do desengano pela atitude escolhida, mas para isso precisa estar lúcido. De que adiantaria ficar mergulhado num oceano de lágrimas sem refletir sobre o que se está vivenciando? Não existe sofrimento inútil. A misericórdia divina se vale de todas as possibilidades para levar responsabilidade aos seus filhos. As leis divinas não operam como os homens, que costumam se utilizar do sentimento de culpa alheio para submeter quem errou ao escárnio e à humilhação. O amor de Deus deseja que as criaturas humanas despertem para a grande realidade de que todos somos responsáveis pelas nossas vidas. A justiça divina ainda não foi compreendida em sua magnanimidade. Precisamos estudar mais as obras básicas do Espiritismo, com isso deixaremos de criar opiniões próprias sobre muitos pontos de vista.

– Infelizmente isso ocorre com muitos dos que se afirmam espíritas, julgam com o olhar de quem é imperfeito. Para que eu não me torne cansativa na fala, vou citar apenas uma passagem do livro *A Justiça Divina Segundo o Espiritismo*, ou o livro mais conhecido como *O Céu e o Inferno*, quando Allan Kardec nos fala do Código Penal da Vida Futura. Em seu item 33 podemos aprender e refletir nas consequências da atitude do jovem Vitório, como nas ações praticadas por todos nós.

"Em que pese à diversidade de gêneros e graus de sofrimentos dos Espíritos imperfeitos, o código penal da vida futura pode resumir-se nestes três princípios:

1. O sofrimento é inerente à imperfeição.

2. Toda imperfeição, assim como toda falta dela promanada, traz consigo o próprio castigo nas consequências naturais e inevitáveis: assim, a moléstia pune os excessos e da ociosidade nasce o tédio, sem que haja mister de uma condenação especial para cada falta ou indivíduo.

3. Podendo todo homem libertar-se das imperfeições por efeito da vontade, pode igualmente anular os males consecutivos e assegurar a futura felicidade. A cada um segundo as suas obras, no Céu como na Terra – tal é a lei da justiça divina."[2]

---

[2] Allan, KARDEC, *O céu e o inferno. Ou a justiça divina segundo o espiritismo*. Trad. de Manuel Justiniano Quintão, 61. ed. 1. imp. (Edição Histórica) – Brasília: FEB, 2013.

A conversa com a diretora

Sugeri ao nosso pequeno grupo de tentarmos promover um encontro com os espíritos protetores dos estudantes. A ideia foi bem recebida e tentaríamos sua realização o mais breve possível.

Pedimos ajuda de outras entidades no sentido de aglutinar os pais e responsáveis, além dos espíritos protetores. Todas as medidas deveriam ser tentadas, pois temíamos a repetição de nova tentativa de suicídio.

As entidades ignorantes continuavam seus esforços para se infiltrar em nosso campo de ação.

Fomos até o centro espírita frequentado por Priscila, a diretora da escola, precisávamos conversar com ela. A instituição simples e muito harmoniosa nos surpreendeu, pois logo na entrada fomos saudados amorosamente pelo espírito responsável pela orientação doutrinária.

– Me chamo Antenor, e estamos à disposição.

Apresentamo-nos informando nossos propósitos.

– Realmente não existe acaso – Antenor comentou sorrindo – a reunião da noite é voltada para o atendimento aos nossos irmãos necessitados, mas temos alguns minutos reservados para a comunicação e orientação. Desse modo, sugiro que um de vocês se aproxime do médium que tenha mais similaridade fluídica com quem vai se comunicar, e no momento oportuno fiquem à vontade para as orientações.

Permanecemos alguns minutos em silêncio e fazendo nossas reflexões enquanto os trabalhadores chegavam.

Identificamos Priscila entre os tarefeiros, o que muito nos alegrou.

Sem dúvida alguma teríamos um canal de comunicação, e quem sabe poderíamos levar uma mensagem com os princípios éticos morais cristãos para o ambiente acadêmico.

A reunião era composta por oito participantes, sem contar o dialogador.

Yvonne fez um sinal e pediu para que eu me aproximasse de uma senhora que nos pareceu bem experiente.

Antenor, ao perceber nossa intenção, sinalizou positivamente afirmando que Dona Leonora, era esse o nome dela, era uma médium dedicada e responsável.

Augusto e Zoel estavam na equipe de vibração e poderiam sair juntamente com a equipe de espíritos em visita de assistência, se fosse o caso.

A reunião iniciou-se com a breve leitura de *O Evangelho Segundo o Espiritismo*.

Em sala contígua estavam as entidades que seriam atendidas naquela noite.

O trabalho iniciou com a disciplina e o envolvimento dos médiuns. Dona Leonora, que era vidente, assim que experimentou o transe pôde notar a nossa presença.

Duas entidades sofredoras foram atendidas e para nossa surpresa, o próximo espírito necessitado e que foi preparado para se comunicar era justamente Anísio. Estávamos diante do espírito que assediava Dudu e que dizia servir a organização das trevas.

Ele se mostrava absolutamente transtornado e, assim que assumiu o comando das cordas vocais da médium Priscila, começou a dizer coisas desconexas:

– Precisamos invadir... precisamos de mais jovens para a organização... Medo... tenho medo...

Antenor, inspirando o dialogador encarnado, inquiriu:

– Do que você precisa, meu amigo?

– Preciso de paz... um lugar para me esconder... Eles vão levar outro jovem... outra morte...

– Pode se esconder aqui, ninguém vai te encontrar. Os que te perseguem não têm poder de entrar em nossa casa, que agora é sua.

– Tem certeza? Você não é um deles?

– Não, fique tranquilo que nós vamos te ajudar.
– É preciso avisar a escola...

O dialogador insistiu para obter mais informações, mas não conseguiu.

Ao ouvirmos aquelas palavras ficamos atentos.

Anísio foi socorrido. Era preciso trabalhar a sua autoestima. Infelizmente, sua postura refletia a condição de inúmeros espíritos desencarnados que nos lembram os indigentes da Terra. Andarilhos que não têm a consciência exata de quem são. Perambulam pelas ruas do mundo, por vezes adentram os lares que lhes dão guarida, pela condição vibratória de algumas casas onde vivem famílias que transformam a convivência diária em ringue de lutas vaidosas, em que os vícios sobrepujam as virtudes.

Anísio era uma entidade necessitada de tratamento para o autoencontro.

Antenor nos sinalizou, e eu fui me aproximando da médium para dar a comunicação. Por alguns segundos a envolvi emanando as minhas energias perispirituais.

Dona Leonora, na condição de tarefeira experiente, se deixou conduzir e cedeu, docilmente, seus recursos medianímicos para minha manifestação. Assumir o comando de seus lábios foi tarefa fácil, não encontrei nenhuma resistência.

Em espírito, ela estava ao lado do próprio corpo, eu tinha livre acesso ao seu órgão fonador, mas caso fosse necessário ela assumiria de imediato o comando do corpo interrompendo a comunicação.

– Boa noite, meus irmãos! Que a paz esteja em nossos corações. Agradecemos a Deus a oportunidade de trazer nossa palavra para questão delicada à qual desejamos chamar atenção. Trata-se da epidemia obsessiva que vem levando muitos adolescentes a buscar o suicídio. Sabemos da condição de trabalhadora nessa reunião de uma profissional da área da educação, por isso, nossa presença. Temos atuado nos bastidores espirituais da escola em questão e queremos manifestar nossa preocupação com o risco de novas tentativas de suicídio. O espírito atendido anteriormente estava envolvido com uma falange de obsessores que busca disseminar a ideia do autoextermínio, aproveitando a fragilidade emocional dos jovens nesses tempos de desarticulação das famílias.

– Nessa hora grave, viemos pedir ações mais assertivas de valorização da vida. Precisamos estimular mais ainda a presença dos pais no ambiente escolar, promovendo uma integração mais eficiente. As questões da sexualidade têm gerado muitos conflitos, e os jovens não têm com quem conversar. Sugerimos a criação de uma força-tarefa entre pais e professores na qual o diálogo seja o instrumento de conexão entre os corações.

Pausei a minha fala, porque a médium que me servia de instrumento se emocionou ao identificar quem se comunicava, pois ela era leitora de muitas obras nossas já editadas, e embora fosse perfeitamente adestrada mediunicamente, era um ser humano sujeito às emoções. Mentalmente, disse a ela que precisávamos terminar a tarefa. Ela administrou a emoção e pude prosseguir.

— Quanto a essa nobre instituição que nos serve de oficina de trabalho, gostaríamos de sugerir medidas mais eficientes para que aproximem Jesus das reais necessidades dos corações juvenis. Precisamos ir ao mundo dos jovens. Equivocamo-nos quando entendemos que educar é fazer com que o educando contemple a vida pela nossa ótica. Cada criança e jovem assistidos pela evangelização da casa é um universo em particular, que precisa ser acolhido consoante as próprias necessidades espirituais. O educador precisa ouvir mais, mas ouvir com os ouvidos de Jesus, sem censura, sem catequismo. Somos todos educadores e até nosso silêncio é observado. A casa espírita precisa da brisa juvenil para legar os ensinamentos espíritas às futuras gerações. Nossa gratidão pela bendita oportunidade de trabalho. Até sempre! Luiz Sérgio.

Suavemente, desatei os laços fluídicos que uniam nossas mentes, e Dona Leonora, lentamente, recobrou o comando sobre suas funções motoras. Ela foi retomando a lucidez habitual e se emocionou, balbuciando:

– Nunca imaginei que um dia Luiz Sérgio falaria por meus lábios.

O dialogador, inspirado por Antenor, orientou:

– Dona Leonora, ele é apenas mais um trabalhador do Cristo. Todos ficamos felizes com a presença dele e das demais entidades que o acompanhavam, mas todos somos tarefeiros de Jesus.

Foram feitos os comentários de praxe após a reunião, e Priscila, que ouviu tudo que fora dito, voltou para casa tomada de forte emoção.

Epidemia obsessiva

Nos dias que se seguiram, a direção da escola, sob orientação de Priscila, implementou várias ações para despertar o envolvimento dos jovens com música e arte.

Seguíamos firmes em nosso acompanhamento e estudo.

Durante o sono físico de Dudu e Jonatan, mantivemos contato com ambos, procurando incentivar novas atitudes e ações preventivas para combater a ideia suicida.

Após a morte de Vitório, eles não voltaram mais a se mutilar.

Tudo caminhava bem, até que certa manhã...

– Priscila, venha depressa na sala do 9º ano, tem três garotas gritando e se mutilando na frente dos colegas – pediu com voz nervosa uma das professoras.

Priscila correu, e certa aglomeração se formava na porta da sala de aula. Os alunos, ao verem a diretora chegando, se afastaram naturalmente, e ela se deparou com a cena constrangedora das garotas dando gritos histéricos e com os braços sangrando.

Um arrepio percorreu a nuca de Priscila e, por sua experiência nos trabalhos mediúnicos, identificava que se tratava de um quadro crítico de influência espiritual. E nesse momento, ela começou a orar silenciosamente e a pedir ajuda espiritual.

Entramos na sala, e Yvonne, antecipando-se, disse às três entidades ignorantes que envolviam as jovens:

– Deixem as meninas em paz!

Eram três espíritos femininos que ao ouvirem as palavras de Yvonne, imediatamente, cortaram a sintonia com as garotas.

Outros professores entraram na sala e auxiliaram Priscila, que identificou a quebra de sintonia entre as garotas e as entidades perturbadas e, prontamente, levou as meninas para o ambulatório da escola.

Eu me surpreendi com a intervenção de Yvonne, porque ela manteve a serenidade e tratou as entidades perversas feito crianças, ignorantes das consequências espirituais em relação ao que faziam.

– Como podem experimentar alguma alegria levando sofrimento aos outros? Pelo fato de vocês serem infelizes, querem levar dor à vida dessas meninas.

Elas apresentavam aspecto repugnante e maltrapilho.

Yvonne se aproximou das três, que se mantinham em silêncio.

Optei por auxiliar fazendo uma oração pelas três.

– Gostaria muito de ajudar vocês! Não querem sair dessa vida sem rumo? Podemos abrigá-las em um local mais adequado, basta que aceitem minha ajuda.

– E o que vai querer em troca? – uma delas falou, quebrando o silêncio.

– Não quero nada em troca, desejo apenas que fiquem bem.

– Essa sua conversa é estranha, porque todo mundo sempre quer alguma coisa.

– Eu vejo que seu coração está saudoso de alguém.

As outras duas riram manifestando deboche.

– Saudades? Eu? Só se for das noites de loucura e bebidas nas quais me divertia muito.

– Falo de sua filha.

– Como pode saber de minha filha?

– Eu sei, melhor dizendo, eu sinto. Você não gostaria de vê-la?

Os olhos dela se turvaram de lágrimas.

– Se desejar você poderá vê-la agora. Eu te levo até ela.

– Não acredite nela, essa velha é uma bruxa, vamos embora daqui!

Dizendo isso uma delas puxou a outra pelo braço e elas saíram correndo, ficando apenas a mulher que demonstrava sentir saudades da filha.

– Mas, eu a abandonei... – ela afirmou com amargura na voz.

– Mas, ela não te abandonou, sabe por quê?

– Não sei... – a sofrida mulher comentou, soluçando.

– Porque sua mãe a ensinou a te respeitar, mesmo quando você saiu de casa iludida pelos prazeres do mundo.

A pobre entidade caiu de joelhos e agora chorava convulsivamente.

Diante daquele quadro eu também me emocionei e derramei minhas lágrimas.

Yvonne, que estava prestes a trazer de volta a vida àquela mulher, que tinha mais de infantilidade do que maldade, falou selando a redenção da mãe sofredora:

– A sua filhinha todas as noites faz uma prece olhando para o céu. Sua mãe disse à sua filha que você era a estrela mais brilhante do firmamento. Quando sua mãezinha soube de sua partida para a vida espiritual, ela optou pela oração diária em seu benefício. Ela guardava a intuição de que sua vida ainda passaria por algumas provas intensas. Mas, se você quiser, ainda esta noite te levarei para ver sua filha, que já é uma adolescente como essas que estavam aqui se cortando agora há pouco.

A frase final dita por Yvonne foi um choque no coração daquela mulher que em prantos pedia perdão.

A senhora da mediunidade agachou-se e pondo-se de joelhos aconchegou aquela entidade aturdida junto ao peito e disse:

— Vamos atender ao chamado de Jesus, Ele nos diz para irmos até Ele, pois Seu jugo é leve e suave. Vinde a mim, todas vós que estais cansadas e eu vos aliviarei, diz o Senhor.

Fui até Yvonne e demos os braços àquela mulher. Carinhosamente, a levamos para a casa espírita, onde a deixamos sob os caridosos cuidados de Antenor e grande equipe.

À noitinha, formamos uma comitiva e partimos todos em direção à singela residência em bairro humilde da periferia, onde uma senhora muito idosa e frágil pelo peso dos anos, de vastos cabelos brancos feito a neve, orava de joelhos com a neta, olhando para o céu. E num misto de ternura e emoção como a pressentir a presença da filha, dizia:

— Veja, minha neta, a nossa estrela favorita no céu hoje está brilhando mais intensamente. Deve ser porque o amor foi visitá-la.

A entidade arrojou-se sobre a mãe e a filha e as beijava, freneticamente, pedindo perdão. A cena enterneceu a todos nós, que nos unindo àquela família, também oramos a Jesus.

Quantas vezes nos mantemos aprisionados em posturas viciosas acreditando que somos os donos da verdade? Tantos séculos de escuridão entre uma vida e outra na escola da carne, porque o nosso orgulho toma conta de nossa limitada e imperfeita lucidez.

É preciso que a dor nos fustigue a ilusória presunção de que somos alguém especial diante da grandeza da vida.

Daí a verdade pura e cristalina da palavra de Jesus que nos diz:

Mas não sereis vós assim; antes o maior entre vós seja como o menor; e quem governa como quem serve. Lucas, 22:26.

Sexo adolescente

Nos dias seguintes a rotina de Dudu e Jonatan não sofreu alteração devido à nossa presença vigilante, mas como não poderíamos seguir indefinidamente junto a esses jovens, decidimos aprofundar nossos estudos sobre a influência espiritual que se dá pela manifestação da mediunidade nesse período delicado da vida.

E foi acompanhando a rotina deles, que a conhecemos.

Seu nome: Rosangela.

Ela era da mesma turma que Dudu e Jonatan.

– Minha cabeça parece que vai explodir, Dudu.

– O que foi, Rô? Aconteceu alguma coisa na sua casa?

– E qual é o dia em que não acontecem discussões com meu pai?

– Sei que são difíceis essas coisas, principalmente dentro de casa. Lembra do Vitório? Agora que ele vazou da vida, surgiram os comentários das cobranças que ele recebia do pai. A Tina, que era a melhor amiga dele, soltou a língua quando foi perguntada se o Vitório comentava sobre algum problema que estivesse passando.

– Ouvi dizer sobre esse papo. A polícia queria descobrir a causa do suicídio.

– E foi nessa pressão que ela falou das queixas que o Vitório tinha sobre o pai.

– Mas meu pai não me cobra, Dudu. Para ele eu nem existo! Ele não se interessa se estou indo bem ou mal na escola...

– Complicado isso, né?

– Estou me acostumando...

– E sua mãe, Rô?

– Minha mãe acha que meu pai trabalha muito para me manter nessa escola cara, e eu não deveria aborrecer ele com as minhas carências.

– Sei como é isso. Meus pais estão viajando de novo, pra variar. Enquanto isso, fico em casa praticamente sozinho.

O diálogo acontecia na quadra de esportes da escola durante o intervalo da aula.

Rosangela, emocionada, não conseguiu conter as grossas lágrimas que desceram por sua face.

Nesse momento, Dudu a abraçou carinhosamente demonstrando muita ternura.

Os rostos dos dois estavam bem próximos, e num arrebatamento juvenil eles se beijaram. A princípio, apenas uniram os lábios, logo depois, caracterizando a inexperiência de ambos, foi que se entregaram lentamente a um beijo com mais intimidade.

– Nossa... – ela comentou. – Nunca senti isso antes.

– Mas, você nunca beijou ninguém antes?

– Nunca, Dudu. É a minha primeira vez. E você?

– Já beijei outras garotas – ele disse, mentindo.

– Então, só eu era BV? (boca virgem)

– Não se preocupe com isso, Rô – Dudu falou com certo tom de presunção querendo demonstrar experiência.

– Sempre te admirei, Dudu. E estou feliz por ter sido você o garoto que me beijou pela primeira vez.

Eles se beijaram novamente, e, de maneira inocente, ela disse:

– Preciso te confessar uma coisa...

Nesse instante, Jonatan passou por eles na quadra e notou que o amigo estava ficando com a Rô, então, ele não se aproximou, apenas acenou para Dudu.

Ele retribuiu o cumprimento também acenando e se voltou para Rosangela.

– Pode confiar em mim, Rô. Ninguém vai saber sobre qualquer coisa que quiser me falar.

Nesse instante, ela abaixou a cabeça ruborizada.

– Pode confiar! – ele repetiu.

– É que todas as minhas amigas da turma já tiveram a primeira experiência sexual, mas eu ainda não experimentei.

Ela concluiu a frase sem ter coragem de levantar a cabeça.

– Eu também não tive.

– Sério? – ela indagou sem acreditar. – Mas, você não disse que beijou outras garotas?

– Beijar eu beijei, mas ficar de verdade eu nunca fiquei, entendeu?

– Entendi. Quer ficar comigo?

– Ficar? Tipo, fazer sexo?

– Sim, fazer sexo comigo.

– Tipo, tirarmos a roupa juntos?

– É, Dudu! Você não quer?

– Sim, claro que quero!

– Não quero mais ser zoada pelas meninas em sala de aula.

– Podemos ir para a minha casa, meus pais estão viajando.

– Ótimo.

– Pode ser amanhã cedo?

– A gente se encontra aqui na escola, mas não entra em aula e vai para sua casa.

– Certo, Rô!

– Mas, não se esqueça da camisinha!

– Pode deixar, vou comprar.

Eles se beijaram várias vezes como se estivessem num deserto sem ninguém.

De longe, Jonatan observava o comportamento do amigo.

Depois que o casal se desgrudou, Dudu se aproximou do amigo.

– Nossa, que agarramento era aquele. Nem sabia que você era afim da Rô?

– Aconteceu, a gente estava falando do pai dela e rolou. E agora nós decidimos ficar. Amanhã vamos faltar na aula e ir para minha casa.

– Demorou... – Jonatan comentou entusiasmado.

– Pois é, ela me pediu para não me esquecer da camisinha.

– Isso é fácil, vamos na farmácia depois da aula e você compra.

Aprendendo com Cecília

Nós acompanhamos os diálogos e o desejo dos dois adolescentes em vivenciarem a primeira experiência sexual.

A sociedade moderna banalizou o comportamento na área da sexualidade e, evidentemente, os adolescentes têm sua iniciação nesse campo cada vez mais cedo.

É preciso alargar os horizontes de nosso entendimento acerca do comportamento juvenil na prática sexual, pois daí também derivam conflitos angustiantes.

A humanidade experimentou durante muito tempo o conceito de que o sexo era algo abjeto, e o tipo de assunto não deveria ser abordado de maneira direta na educação dos filhos.

O resultado dessa manifestação infantilizada no comportamento educativo dos pais, de uma maneira geral, é que agora adultos e jovens tornaram-se reféns do prazer sexual sem critério algum.

Como espíritos aprendizes que somos também do lado de cá da vida, pedimos ajuda à jovem Cecília, entidade com profundos conhecimentos na área do comportamento humano, sendo profissional muito competente em sua última encarnação na área da psicologia e psicanálise.

Eu, Yvonne, Augusto e Zoel a recebemos com efusões de alegria, acolhendo-a em nosso pequeno grupo de estudos e trabalho.

– Estamos aqui diante de dois adolescentes que decidiram se envolver sexualmente e gostaríamos de te ouvir para o aprendizado comum. Seja muito bem-vinda! – eu a cumprimentei com verdadeira alegria.

– Luiz Sérgio, eu que me sinto agradecida pela oportunidade de aprendermos juntos.

Mantivemos o silêncio olhando para ela em profunda expectativa. Num gesto que denotava simplicidade ela sorriu discretamente, e comentou:

– Vemos todos os dias milhões de jovens no orbe terreno se entregando à primeira experiência sexual. Para que possamos compreender essas mudanças comportamentais com mais abrangência, necessitamos sair do pequeno e acanhado mundo dos nossos preconceitos, herança atávica, que ainda carregamos pelas vidas que já vivemos, pautadas em comportamentos equivocados. O que a sociedade moderna experimenta nesses dias transformadores não tem volta. As mudanças comportamentais na vivência da sexualidade do espírito encarnado não sofrerão retrocesso, e os nossos adolescentes iniciarão suas atividades sexuais cada vez mais cedo. Por isso, a educação tem, como sempre teve, papel determinante a cumprir. Muitos educadores, ainda iludidos, acreditam que podem proibir ou determinar quando seus filhos poderão se entregar ao contato sexual. A questão agora não é de moralidade, segundo a compreensão que tínhamos durante um período da história humana; o momento delicado pede que tenhamos uma educação mais assertiva, consoante à necessidade de aprendizado para esse momento.

Estávamos paralisados, atentos para não perder nenhuma palavra da querida Cecília, que nos trazia visão realista e sensata sobre tema tão relevante para pais e filhos.

E ela prosseguiu:

— O desconhecido torna-se mais atraente, e o desejo sexual durante muito tempo foi visto e tratado como algo impuro e sujo.

— Então, devemos entender como normal a precocidade com que os jovens se entregam à prática sexual? — Augusto indagou de maneira respeitosa com o desejo de aprender.

— De maneira alguma! Nossos adolescentes não deveriam iniciar a vida sexual quando ainda estão em processo de construção orgânica e psicológica — ela fez uma pausa, como alguém que busca a melhor maneira de se fazer entender. – Todavia, não podemos fechar os olhos para a realidade da vida juvenil, que é outra. Eles estão fazendo sexo cada vez mais cedo e precisam ser orientados com relação a isso. O caminho para a promiscuidade é largo, para o amor é estreito. E devemos entender que os nossos jovens são movidos pelo impulso, pelo motor de sua estrutura emocional. Que por sua vez é construída em bases conflituosas no campo do relacionamento com os pais, no campo da religião e no campo de todo arcabouço de informações que o adolescente vai recebendo em sua formação emocional. A situação é de alta complexidade e não pode prescindir de uma orientação segura.

– Então, Cecília, a Rô e o Dudu estão errando ao se entregarem à iniciação sexual? – questionei com curiosidade salutar.

– A questão não é de estar certo ou errado, e esse assunto necessita de uma abordagem mais profunda do contexto da vida juvenil. O sexo está banalizado e não é visto e compreendido como um departamento sagrado da vida humana. Crianças e jovens que têm aparelhos celulares podem acessar qualquer conteúdo pornográfico que desejarem. O psiquismo em formação dos educandos está vulnerável à influenciação tecnológica desses tempos. Como todos têm a própria biografia reencarnatória, e a maioria de nós já caímos em nossa trajetória no campo do sexo, as tendências mais marcantes da personalidade do espírito em fase juvenil afloram com força extrema. Incentivados pela erotização da mídia, os adolescentes são impulsionados a ceder cada vez mais cedo aos apelos do desejo.

– Na prática precoce do sexo, espíritos que se comprometeram conosco em outras vidas podem encontrar campo para deflagrar processos obsessivos com facilidade, é isso? – preocupado eu indaguei.

– Sem dúvida alguma, Luiz Sérgio. Dudu e Rô estão prestes a se entregar mutuamente pelo encantamento que o sexo produz, mas não têm conhecimento sobre as consequências que essa escolha irá trazer para a vida de ambos. Sem falar em risco de gravidez e da possibilidade de contraírem doenças sexualmente transmissíveis.

– E as questões da mediunidade do adolescente e sua vida sexual? – Zoel perguntou.

– Esse é um ponto muito importante. Sabemos que os espíritos se influenciam, mutuamente...

– Pergunta 459 de *O Livro dos Espíritos* – interrompi a fala de Cecília procurando colaborar.

– Isso mesmo, Luiz Sérgio! A resposta dessa pergunta é determinante para a compreensão de que em qualquer idade durante a encarnação na Terra, todos recebemos a influência espiritual de acordo com as nossas preferências. E durante a infância e adolescência, essa ascendência também é patente. Dessa forma, o nosso Dudu e a nossa Rô estarão sob as influências espirituais que escolhem para si de acordo com os valores que eles têm na vida. E em se tratando de adolescentes, em pleno desenvolvimento físico-espiritual, existe uma oscilação quase que incontrolável. Os adolescentes vivem um período turbulento em suas emoções e potencializam as emoções vividas de maneira extremada. Alegria que pode levar ao êxtase, ou tristeza que deságua na depressão.

— Essas reações são campos férteis para a influência espiritual inferior — Yvonne esclareceu.

— Não tenham dúvidas sobre isso! — Cecília prosseguiu. — A adolescência é o período em que o espírito começa a assumir sua personalidade tal como ela é, mais o resultado dos valores éticos morais que lhe foram ofertados na infância. Para que possamos compreender bem mais o quanto essa fase é determinante na vida de nossos jovens, precisamos falar a respeito de um conjunto de fatores que são determinantes na estruturação psicológica desde a infância até a fase juvenil.

— Estamos todos ávidos por aprender sobre assunto tão importante para todos nós — comentei.

— Suas palavras abrem novo horizonte para a nossa compreensão — Augusto obtemperou.

Eclosão dos hormônios

Estávamos todos muito impressionados com a forma que Cecília abordava aqueles temas, cujo desconhecimento atingia a todos nós.

— Pode continuar, Cecília, sua fala nos esclarece e nos leva a conhecer mais um pouco da complexidade dessa fase tão cheia de incertezas, que é a adolescência — Yvonne pediu.

— A fase de desenvolvimento hormonal na adolescência é verdadeiramente um momento delicado. Ocorrem mudanças físicas no cérebro e evidentemente no psiquismo dos garotos e garotas. O desejo eclode e se rompe o laço que havia com o período infantil, quando se sabia lidar com o corpo, e passa-se a experimentar uma série de novas sensações. É um mundo novo que surge e que mexe de maneira intensa com os valores que o jovem compreendia até então. Sem falar nos comportamentos exemplificados pelos pais, que passam a sofrer juízo de valor por parte dos filhos jovens.

– Recentemente, cresceu um movimento nas escolas, que foi acompanhado por nós aqui da dimensão espiritual, em que os jovens passaram a usar algumas pulseiras coloridas que sinalizavam que tipo de abordagem afetiva eles poderiam sofrer. Passando por um simples beijo, até a liberdade total, para uma relação sexual independentemente de ser com uma pessoa do sexo oposto ou do mesmo sexo. Os educadores de uma maneira geral ficaram alarmados com a realidade que se apresentava, e a medida tomada para conter ou, hipoteticamente, camuflar a manifestação das práticas sexuais entre os jovens foi a proibição do uso de tal utensílio. Houve a atitude opressora, mas pouco se fez para o estabelecimento de ações que visassem à educação sobre esse tema.

– Mas, o que vemos nas escolas e na vida dos jovens é que o sexo está cada vez mais presente, inclusive em festas de aniversários em família. Os adolescentes estão se entregando à vida sexual, e os pais ainda creem que essa realidade ocorra apenas na casa do vizinho – argumentei.

– Sim, Luiz Sérgio. Precisamos tratar desses assuntos com mais sensibilidade. Muitos jovens ficam aturdidos nessa fase especial. E é comum que busquem a descoberta da própria sexualidade e haja um confronto entre os modelos educacionais instituídos, em que os exemplos sempre foram os pais, e os modelos sociais que orbitam o mundo juvenil. Nos deparamos nas escolas com garotos e garotas que se buscam independentemente do sexo para a troca de afagos e carinhos. Pode parecer que voltamos aos tempos de Sodoma e Gomorra, mas não é essa a realidade, porque para tempos de tamanha liberdade, é essa a manifestação de muitos jovens que procuram identificar a própria sexualidade. Daí muitos se perderem em comportamentos promíscuos que difundem as enfermidades do corpo e da alma. Portanto, precisamos assumir, responsavelmente, nova postura como educadores e tratar dessas temáticas com carinho e naturalidade.

– Como uma adolescente normal, em minha recente encarnação também experimentei a vivência desse momento delicado no meu desenvolvimento psíquico. Não recebi nenhuma orientação específica sobre sexo, nem em família, muito menos na escola. Essa realidade me trouxe muitas vezes dor e sofrimento por ser médium ostensiva.

– Você pode nos dizer algo a esse respeito, Cecília? – Augusto pediu.

– Claro. Preciso apenas concluir que o momento de eclosão hormonal para espíritos reencarnados com comprometimentos no campo sexual é determinante para uma vida mais equilibrada. A maioria dos jovens se vale da internet para aprender sobre temas como esse. E a educação em família, com o apoio dos núcleos escolares, amenizaria as dores nesse campo, evitando suicídios e a instalação de outros conflitos delicados que deságuam em profundas dores na alma.

– Quanto à mediunidade, nessa fase de transição que a humanidade experimenta, os discursos catequistas não sensibilizam os adolescentes médiuns e nem os convence de que se precise ter uma postura diferenciada. A orientação responsável, segundo os postulados espíritas, precisa ser disseminada indo ao encontro dos conflitos juvenis, principalmente nessa área. Não se pode falar de mediunidade, sem passar pela clara orientação sobre sexualidade e responsabilidade. O jovem médium precisa encontrar ressonância entre o que ele sente e a mensagem que lhe chega. Se houver algum choque castrador por parte do educador, entre o conflito que o jovem experimenta e a mensagem religiosa, o afastamento é inevitável.

– Cecília, você poderia explicar melhor essa fuga? – Zoel questionou.

– Se a fala do educador vier carregada de condenações a esse ou àquele comportamento, o adolescente se afastará. Principalmente, se ele tiver algum comportamento que se enquadre nas condenações. Educar não é condenar, mas provocar o despertar dos melhores valores éticos morais que podem estar adormecidos dentro do coração juvenil.

– No momento atual em que o sexo é vivido com muita permissividade, a mediunidade ostensiva pode ser instrumento de tormentos – Yvonne comentou.

– Sem dúvida alguma – Cecília concordou com ar grave.

– Então, podemos concluir que muitos casos de automutilação e outras práticas autoflageladoras têm sua origem em conflitos sexuais?

– Infelizmente é verdade, Zoel – mais uma vez, Cecília aquiesceu.

– O que fazer diante de quadro tão difícil?

– Educar, Augusto. Apenas educar. A proteção das crianças e jovens nesses tempos de transição não se encontra em condomínios fechados com seguranças por todo lado. Crianças e jovens em algum momento precisarão fazer suas escolhas, e para que essa ação aconteça de maneira satisfatória, eles precisam estar munidos de valores éticos morais que a família pode dar – Cecília concluiu.

Apenas a escola não tem competência para dar aos adolescentes o que eles necessitam para sua estruturação psicológica. A escola oferece sabedoria, a família deve capacitar com amor, carinho e virtudes.

A todo momento centenas de jovens desembarcam na dimensão espiritual completamente alienados, desconhecendo a própria essência espiritual, sem noção do que é compaixão, uma vez que não conhecem a palavra misericórdia, não sabem o que é respeito ao semelhante.

Os núcleos familiares estão falhando quando educam seus filhos para a competição desmedida, que cada vez mais forma jovens emocionalmente frágeis e sem qualquer estrutura psíquica.

Essas são as causas dos desatinos e da mortificação de muitos jovens médiuns que não sabem lidar com sua capacidade sensorial, a mediunidade.

Individualização emocional do adolescente

Fiquei refletindo sobre tudo o que tinha sido apresentado por Cecília, e minha visão se dilatou imensamente na compreensão de que o sexo, como departamento sagrado da vida em sua organização físico-emocional, precisa ser observado mais de perto por parte de todos os educadores.

Mas, seria o sexo o único componente na deflagração dos grandes conflitos emocionais vivenciados por adolescentes, e esse componente da formação dos adolescentes teria consequências espirituais?

Tive a impressão de que a nossa jovem benfeitora percebera minhas reflexões, pois falou, com carinho na voz:

– Do início da puberdade até o período mais agudo da adolescência, outros fatores contribuem para a grande instabilidade emocional dessa fase. E não existe uma linha demarcatória que permita identificar cada um desses componentes emocionais e espirituais. Ao mesmo tempo que o adolescente descobre o prazer no próprio corpo pelo processo masturbatório, ele começa a se individualizar. Ele sai da contemplação do mundo e do entendimento dos fatos à sua volta, abandonando a ótica pater-maternal, para a descoberta de si mesmo como indivíduo emocionalmente independente. A partir daí o adolescente passa a emitir juízo de valor sobre os próprios pais. Ele identifica claramente se os educadores têm um discurso diferente das ações que praticam. É justamente nesse contexto que os confrontos se iniciam dentro do lar, pois os jovens se dão conta da distonia comportamental dos pais, em que a fala não corresponde à atitude.

– E os fatores e experiências trazidas de outras vidas? – eu indaguei.

– Bem observado, Luiz Sérgio. Cada espírito encarnado se desenvolve psiquicamente lidando com dois fatores muito importantes para o seu equilíbrio. São os vetores endógenos e exógenos, ou seja, o processo educativo que vai sendo incorporado no psiquismo da criança e do jovem depende de fatores emocionais internos, que eles trazem de sua biografia reencarnatória e de fatores externos, família e meio onde vivem. E é justamente nesse período da adolescência que essa realidade se mostra de maneira mais patente.

– Você pode comentar mais a respeito dos fatores endógenos? – Yvonne pediu.

– Todos nós temos uma história, que estamos escrevendo pelos séculos afora – Cecília começou a esclarecer, de boa vontade. – E mesmo passando pelo processo bendito do esquecimento a partir do instante da concepção, nós trazemos hábitos e viciações que ainda fazem parte de nossa estrutura psicológica. Quando reencarnamos não recomeçamos a jornada no mundo material zerados e esquecidos totalmente do que somos de verdade. Podemos não nos lembrar dos fatos marcantes de vidas passadas, mas as escolhas do hoje são determinadas pelo nosso desenvolvimento psíquico de outras existências. São nossas tendências, viciosas ou não, que determinam as escolhas presentes, desde a infância. Não agimos por automatismo em nossas decisões e escolhas, porque vigoram em nosso campo emocional as virtudes adquiridas de corpo em corpo, de persona em persona. Daí a real importância da experiência infantil para o espírito que volta ao mundo. Não foi sem razão que Allan Kardec questionou o Espírito da Verdade sobre o mundo da criança.

– Ah... – observei – É a questão 383 de *O Livro dos Espíritos*:

"Qual é, para o Espírito, a utilidade de passar pela infância?

– Encarnando-se com o fim de se aperfeiçoar, o Espírito é mais acessível durante esse tempo às impressões que recebe e que podem ajudar o seu adiantamento, para o qual devem contribuir os que estão encarregados da sua educação" – eu citei a indagação de Kardec desejando colaborar.

– Sim, essa foi a pergunta feita lucidamente pelo Codificador do Espiritismo, em que vemos expressa toda a preocupação do humanista e educador com sua herança educativa Pestalozziana. Eis aí, um ponto que nos pede profunda reflexão quanto à educação de crianças e consequentemente adolescentes. Os processos reencarnatórios, iniciados no instante de fecundação da célula-ovo pelo espermatozoide, se completam aproximadamente entre sete e oito anos de idade. Durante essa fase, desde o ventre, já é possível influenciar o psiquismo do espírito reencarnante através de uma psicosfera saudável no lar. Toda energia verbalizada pelos pais reverbera na intimidade da estrutura psicológica do futuro bebê. Então, toda vibração exterior chega em processo contínuo de ondas vibratórias ao espírito que volta ao mundo. Dessa forma, podemos constatar que tanto as energias emitidas em conturbados processos de rejeição ao bebê, quanto nos casos de profunda aceitação e amoroso acolhimento daquele que chega ao lar, toda forma de amor e ódio são registrados.

– Por isso, com muita propriedade e bom-senso Allan Kardec indagou sobre a infância – Augusto aduziu.

– Augusto, a questão da educação durante a idade infantil é ponto básico para uma adolescência mais equilibrada e uma vida adulta harmoniosa. Desde o berço, os pais precisam passar valores éticos morais que irão nutrir as estruturas psicológicas da criança até que a reencarnação se complete. Quando a criança é nutrida por exemplos nobres, ela se desenvolve satisfatoriamente no campo psíquico espiritual. Os fatores endógenos, que contribuem para a instauração de conflitos na adolescência, são constituídos pela educação dada na vida presente, mais os vícios, hábitos e virtudes trazidos de outras vidas.

– Nossa! Com todas essas informações, Cecília, o adjetivo dado a todos os adolescentes de que eles são aborrecentes perde a razão de ser – Zoel comentou.

– Esse adjetivo só tem razão de ser para os educadores que não têm paciência e desconhecem o processo educativo do ser integral. Todavia, temos outros fatores a considerar, em relação à adolescência. Vejamos a questão 385 de *O Livro dos Espíritos*, que demonstra o encadeamento de ideias e a maneira dialógica pela qual o Codificador desenvolveu a estrutura doutrinária do Espiritismo. Ele aborda a relevância da educação infantil na pergunta 383 e na questão 385 nos leva a mergulhar na mudança comportamental do espírito, principalmente na fase adolescente.

"Qual o motivo da mudança que se opera no seu caráter a uma certa idade, e particularmente ao sair da adolescência? É o Espírito que se modifica?

– É o Espírito que retoma a sua natureza e se mostra tal qual era.

Não conheceis o mistério que as crianças ocultam em sua inocência; não sabeis o que elas são, nem o que foram, nem o que serão; e, no entanto, as amais e acariciais como se fossem uma parte de vós mesmos, de tal maneira que o amor de uma mãe por seus filhos é reputado como o maior amor que um ser possa ter por outros seres. De onde vem essa doce afeição, essa terna complacência que até mesmo os estranhos experimentam por uma criança? Vós sabeis? Não; e é isso que vou explicar.

As crianças são os seres que Deus envia a novas existências, e para que não possam acusá-lo de demasiada severidade, dá-lhes todas as aparências de inocência. Mesmo numa criança de natureza má, suas faltas são cobertas pela não consciência dos atos. Esta inocência não é uma superioridade real, em relação ao que elas eram antes; não, é apenas a imagem do que elas deveriam ser, e se não o são, é sobre elas somente que recai a culpa.

Mas não é somente por elas que Deus lhes dá esse aspecto, é também e sobretudo por seus pais, cujo amor é necessário à fragilidade infantil. E esse amor seria extraordinariamente enfraquecido pela presença de um caráter impertinente e acerbo, enquanto, supondo os filhos bons e ternos, dão-lhes toda a afeição e os envolvem nos mais delicados cuidados. Mas, quando as crianças não mais necessitam dessa proteção, dessa assistência que lhes foi dispensada durante quinze a vinte anos, seu caráter real e individual reaparece em toda a sua nudez: permanecem boas, se eram fundamentalmente boas, mas se irizam sempre de matizes que estavam ocultos na primeira infância.

Vedes que os caminhos de Deus são sempre os melhores, e que, quando se tem o coração puro, é fácil conceber-se a explicação a respeito.

Com efeito, ponderai que o Espírito da criança que nasce entre vós pode vir de um mundo em que tenha adquirido hábitos inteiramente diferentes; como quereríeis que permanecesse no vosso meio esse novo ser, que traz paixões tão diversas das que possuís, inclinações e gostos inteiramente opostos aos vossos; como quereríeis que se incorporasse no vosso ambiente, senão como Deus quis, ou seja, depois de haver passado pela preparação da infância? Nesta vêm confundir-se todos os pensamentos, todos os caracteres, todas as variedades de seres engendrados por essa multidão de mundos em que se desenvolvem as criaturas. E vós mesmos, ao morrer, estareis numa espécie de infância, no meio de novos irmãos, e na vossa nova existência não terrena ignorareis os hábitos, os costumes, as formas de relação desse mundo, novo para vós, manejareis com dificuldade uma língua que não estais habituados a falar, língua mais vivaz do que o é atualmente o vosso pensamento.

A infância tem ainda outra utilidade: os Espíritos não ingressam na vida corpórea senão para se aperfeiçoarem, para se melhorarem; a debilidade dos primeiros anos os torna flexíveis, acessíveis aos conselhos da experiência e daqueles que devem fazê-los progredir. É então que se pode reformar o seu caráter e reprimir as suas más tendências. Esse é o dever que Deus confiou aos pais, missão sagrada pela qual terão de responder.

É assim que a infância não é somente útil, necessária, indispensável, mas ainda a consequência natural das leis que Deus estabeleceu e que regem o Universo."

Ao embasar a sua fala em Allan Kardec, Cecília nos levava a refletir de maneira mais ampla sobre todas as questões e tormentos juvenis desses dias. Descortinava-se para nós outro novo espectro de entendimento para penetrar no mundo psíquico dos jovens.

Quanto ainda temos a aprender?

O campo é infinito, sem dúvida.

Suicídio, automutilação, drogas, sexualidade, relação com os pais.

Toda essa incomensurável realidade pode ser compreendida apenas pela ótica reencarnacionista e na construção do próprio destino que o espírito imortal elabora para si mesmo.

Cecília retomou a palavra e concluiu:

– Em relação aos fatores exógenos, eles são determinados pelo meio, mas principalmente pela família, ou seja, pela dinâmica psíquica com que todos os membros se relacionam. É preciso considerar nesses tempos de grande tecnologia a forte influência das mídias, a banalização do sexo, o erotismo exacerbado. Precisamos nos debruçar sobre as novas formas com que se desenvolvem os processos obsessivos no mundo infantojuvenil.

– Abordamos algumas faces desses processos obsessivos no trabalho anterior que levamos aos encarnados – *Game Over*.[3]

– Sim, Luiz Sérgio. A mensagem espírita precisa ser levada para fora dos quadrantes espíritas, porque muitas crianças e adolescentes estão se arrojando às portas falsas do suicídio, tragados que são pelas ilusões do mundo e por nefastas influências espirituais. Mas, temos mais dois fatores que consideramos não menos importantes que os dois já citados. A eclosão hormonal, aliada à individualização do adolescente, carece de uma abordagem responsável para amparar e socorrer nossos jovens. Muitos garotos e garotas, que aportam em nossas

---

[3] Referência ao livro "Game Over" lançado em 2017 pela Intelítera Editora.

dignas instituições espiritistas, chegam necessitados de acolhimento e esclarecimento. Ao cuidarmos da vida espiritual dos que nos buscam, não podemos nos esquecer de que a revelação espírita chegou ao mundo para educar o homem, mas acima de tudo dar a ele condições para uma vida material equilibrada. Como construir uma sociedade civilizada se não falamos a respeito de assuntos tão pertinentes para o crescimento e consequente desenvolvimento do público infantojuvenil?

Reminiscências de vidas passadas

– Que outros fatores determinantes deflagram processos psíquicos mórbidos em nossos jovens? – indaguei.

– Não são apenas os jovens que experimentam esses processos. Com exceção da criança, no que tange à eclosão hormonal, temos alguns adultos que se demoram nessa fase em busca de autoafirmação. E muitos deles, por comprometimento em outras vidas, passam a encarnação inteira raciocinando pelos hormônios em detrimento dos neurônios, pois não se assenhoram da própria capacidade de pensar. Com isso, vivem na base das sensações mais grosseiras sem se preocupar se lesam emocionalmente aqueles que privam de sua convivência afetiva – Cecília prosseguiu. – E outro fator que devemos considerar para compreender os conflitos juvenis são as reminiscências de vidas passadas, Luiz Sérgio.

– Sei reconhecer muito bem essa realidade incontestável, porque foi justamente durante a adolescência que o impulso suicida mais visitou meu psiquismo – Yvonne comentou.

– Pois é, Yvonne – Cecília concordou. – As reminiscências de vidas passadas vão se incorporando à estrutura psicológica do adolescente de maneira imperceptível, desde o início da puberdade. Não é à toa que o fator hormonal, paralelamente à emancipação emocional e à individualização do ser, alteram a estrutura física do cérebro. As estruturas neuronais recebem os dados contidos no perispírito, que são os arquétipos das construções pretéritas vindas de outras vidas.

– Se compararmos o cérebro do adolescente a um HD, um disco rígido de computador, essa transformação da estrutura cerebral se refere à capacidade do cérebro juvenil em possibilitar ao espírito se assumir tal qual é? – Zoel indagou respeitoso.

– Isso mesmo, Zoel. A mudança na configuração da massa celular do cérebro não ocorre apenas por causa da eclosão hormonal. É de fato, o momento em que são transferidos para o psiquismo do adolescente seus arquivos de vidas passadas. E nesse processo imperceptível o adolescente reassume sua verdadeira personalidade, tal como ela é.

– Então, a infância do espírito é determinante nessa fase pelos valores que lhe foram passados no período infantil? – Augusto questionou.

– Bingo, Augusto! – Cecília afirmou com veemência. – À medida que o espírito reassume totalmente seu comando mental, a partir da puberdade, ele necessita ter introjetados, desde o berço, os valores novos que serão seus vetores internos para os momentos em que deverá escolher entre uma e outra situação. O adolescente que não recebeu as renovadoras informações de uma educação pautada em valores éticos morais não terá desenvolvido internamente as referências educativas nas quais irá fundamentar suas escolhas.

– Então, a tendência é que ele dê vazão às suas paixões? – Yvonne perguntou.

– Perfeitamente, Yvonne! – Cecília asseverou com sorriso. – As reminiscências de vidas passadas são alçadas do inconsciente para o consciente. São os mecanismos psíquicos.

– Não entendi, Cecília – Augusto inquiriu.

– Os nossos arquivos psíquicos construídos desde muitos séculos são como o oceano profundo. No desenvolvimento de nossas potencialidades, na aquisição de virtudes e desenvolvimento de nossos sentimentos, alguns processos emocionais disparam, como "gatilho psíquico", as respostas às emoções vivenciadas. A cada provocação emocional do mundo exterior, o espírito responde consoante a capacidade desenvolvida ao longo de suas existências. Então, podemos afirmar que o inconsciente, segundo o aparelho psíquico elaborado por Freud em sua primeira tópica em nossa visão espírita, é o arquivo perispiritual em que estão guardados os nossos registros psicológicos.

– Uau! – expressei. – Daí, então, as grandes turbulências nessa fase da reencarnação?

– Sem dúvida, Luiz Sérgio. Durante a infância, o espírito recebe a carga educativa de maneira mais intensa, para posteriormente, na adolescência, emergir com toda força de sua personalidade e com os valores novos que os pais devem ofertar a seus filhos. Quando se credita aos pais a missão da paternidade, é porque a educação que edifica é fator que determina o êxito da encarnação. Não podemos nos esquecer de que os pais pavimentam o caminho, mas são os filhos que farão as suas escolhas. Aqueles que se desincumbem da tarefa educativa necessitam compreender que o processo educativo começa antes do parto. A eclosão hormonal, assim também a individualização psicológica, mais as reminiscências de vidas passadas são bases emocionais sobre as quais podemos erguer o edifício educativo.

– Mas, não falta aí um outro fator, Cecília? – Yvonne questionou.

– Sim, temos mais um pilar para formar a base da compreensão dos conflitos emocionais – Cecília aquiesceu.

Todos estávamos de olhar fixo naquele espírito que se apresentava feito uma jovem. Ela dizia que seu aspecto a auxiliava no trabalho de socorro e resgate aos jovens das duas dimensões.

Estávamos ávidos por aprender mais. Até aquele instante, os lúcidos esclarecimentos de Cecília tinham trazido novo horizonte para compreendermos os intrincados mecanismos do psiquismo juvenil.

Aproveitei aquela pausa para indagar com o desejo sincero do aprendizado.

– Cecília, normalmente os pais se queixam dos confrontos experimentados no convívio com os adolescentes. Isso se deve a qual fator? Reminiscência de vidas passadas? Eclosão hormonal? Ou individualização emocional do jovem?

Ela fixou nos meus, os seus olhos cor de mel, que esparziam brilho marcante, e novamente nos trouxe profundas reflexões.

– Luiz Sérgio, sua indagação é muito importante e preciso informar que minhas palavras sobre essa realidade são propostas reflexivas endereçadas aos educadores de maneira geral. A partir do instante em que o adolescente se individualiza, ele experimenta uma espécie de orfandade emocional, pois se depara com a realidade de que a construção psicológica criada desde a infância termina. Então, o jovem percebe que não faz parte do mesmo edifício emocional dos pais, ou seja, ele pensa e decide sozinho, daí a insegurança natural dessa mutação. Os pais que até então eram suas grandes referências passam a ser observados pelos filhos que, naturalmente, por uma questão de desenvolvimento da razão, começam a emitir juízo de valor sobre as atitudes e palavras pater-maternais. Os confrontos surgem da dicotomia entre o que os educadores falam daquilo que efetivamente eles fazem. O adolescente percebe que os pais mentem, que em muitos casos eles se enganam mutuamente. E que muito do que eles pedem para ser feito por garotos e garotas nem eles mesmos realizam. É natural que passemos a contestar as pessoas que nos dão ordens, mas que agem contra as verdades que defendem. O enfrentamento entre pais e adolescentes, na grande maioria, nasce da contradição que os pais revelam em suas próprias vidas.

– Nossa! Agora temos muito o que pensar! – Zoel afirmou olhando para o nosso pequeno grupo.

Mediunidade na adolescência

Quanto aprendizado! Repetia para mim mesmo. Quantos casos definidos como rebeldia pura e simples, mas que configuram delicados processos psíquicos espirituais?

Os relacionamentos familiares são extremamente complexos e guardam em seus caminhos a ligação entre todos os seus membros. Nada se dá ao acaso, nenhum fato é irrelevante em se tratando da educação de espíritos imortais.

Cecília fez uma pausa, como se esperasse que pudéssemos digerir tudo que tinha sido passado naqueles momentos muito importantes. Ela suspirou longamente e retomou a fala, afirmando com energia amorosa:

— Vossos jovens profetizarão! A mediunidade é componente importante no arcabouço emocional de nossos jovens. Desejo fundamentar minhas observações na codificação espírita, mais especificamente em O *Livro dos Espíritos,* na questão 459.

Antes que eu pudesse abrir a boca, Yvonne enunciou a pergunta referida:

"Os Espíritos influem sobre os nossos pensamentos e as nossas ações?

– Nesse sentido a sua influência é maior do que supondes, porque muito frequentemente são eles que vos dirigem."

– Dessa vez eu perdi o tempo, Yvonne.

– Também gosto de estudar a codificação, Luiz Sérgio!

Todos sorrimos, e Cecília prosseguiu:

– A orientação de Allan Kardec em relação à influência dos espíritos e condução de nossa vida, na maioria das vezes, não define limite de idade, ou a partir de quantos anos somos influenciados e dirigidos pelas entidades desencarnadas. Com essa observação, chegamos à conclusão matemática de que todos sofrem influência espiritual quando encarnados. Vale dizer, que crianças e jovens também! Para fundamentar meus argumentos na linha de pensamento da Codificação Espírita, evoco *O Livro dos Médiuns* em seu item 159, Capítulo XIV.

"– Todo aquele que sente, num grau qualquer, a influência dos Espíritos é, por esse fato, médium. Essa faculdade é inerente ao homem; não constitui, portanto, um privilégio exclusivo. Por isso mesmo, raras são as pessoas que dela não possuam alguns rudimentos. Pode, pois, dizer-se que todos são, mais ou menos, médiuns. Todavia, usualmente, assim só se qualificam aqueles em quem a faculdade mediúnica se mostra bem caracterizada e se traduz por efeitos patentes, de certa intensidade, o que então depende de uma organização mais ou menos sensitiva. É de notar-se, além disso, que essa faculdade não se revela, da mesma maneira, em todos. Geralmente, os médiuns têm uma aptidão especial para os fenômenos desta ou daquela ordem, donde resulta que formam tantas variedades quantas são as espécies de manifestações. As principais são: a dos médiuns de efeitos físicos; a dos médiuns sensitivos, ou impressionáveis; a dos audientes; a dos videntes; a dos sonambúlicos; a dos curadores; a dos pneumatógrafos; a dos escreventes ou psicógrafos."

O enunciado do item de *O Livro dos Médiuns* foi proferido por Augusto, que comentou sorrindo:

– Parece que não são só vocês, Luiz Sérgio e Yvonne, que gostam de se debruçar sobre as obras básicas de Allan Kardec.

– Muito bem, Augusto! É exatamente esse o trecho que gostaria de trazer para pensarmos a respeito da mediunidade no âmbito de nossos adolescentes. Porque Allan Kardec afirma que são raras as pessoas que não possuem alguns rudimentos da mediunidade em seu arcabouço psíquico. Sabemos que a mediunidade se expressa por uma condição orgânica e que não está vinculada à maioridade, portanto, crianças e jovens também guardam traços emocionais pronunciados de serem portadores de mediunidade. Ao somarmos a eclosão hormonal, a individualização do ser, as reminiscências de vidas passadas, mais o fator mediúnico, teremos razões palpáveis para inferir que a ausência dos pais e uma educação castradora e sem limites racionais são componentes altamente explosivos para quadros depressivos, automutilações, desajustes no campo da sexualidade e muitas outras situações.

Silêncio profundo se estabeleceu entre nós, pois não nos faltava material para estudos profundos em relação à família e às situações conflituosas da adolescência. E para nos causar mais desassossego íntimo, Cecília indagou:

– Onde estão os jovens médiuns desses tempos de transição? Quais as ações evangelizadoras que contemplam assistência efetiva aos adolescentes que são manipulados pelos espíritos, segundo O Livro dos Espíritos? Não residem nestas indagações a resposta para o que presenciamos acontecer na vida de garotos e garotas?

– Cecília, confesso que mesmo comprometido há tantos anos com o trabalho junto aos jovens, sua fala e questionamentos evidenciam que vivemos novo tempo. Precisamos rever muitos de nossos conceitos em relação ao que chamamos hoje de prática evangelizadora. Nunca vi com entusiasmo as práticas que repetem os modelos professorais das escolas convencionais.

— Luiz Sérgio. Ainda nos detemos em modelos que têm por base fundamental a entrega de conteúdos que não colaboram para a assimilação e vivência do evangelho contextualizado para o mundo infantojuvenil. Nossas práticas pedagógicas não podem prescindir das experiências práticas vinculadas ao mundo do educando. É impossível se utilizar da mesma linguagem na prática evangelizadora para necessidades espirituais tão diversas. Tomando como exemplo o lar em que o casal tenha mais de um filho, observaremos que os pais presumem que a educação correta seja aquela que trata todos da mesma maneira, quando a realidade reencarnatória revela que é impossível tratar com igualdade espíritos em estágios evolutivos diferentes. Cada educando tem uma necessidade emocional diferenciada e precisa de uma ação educadora que lhe atenda a característica evolutiva. Alguns filhos precisam de mais rigor, outros carecem de acompanhamento mais próximo, outros têm dificuldade decisória sobre as coisas mais simples, enquanto outros revelam independência absurda. É a reencarnação na vida cotidiana da família.

— Cecília, em meio a tantos conflitos no mundo juvenil nos dias atuais, creio que a mediunidade possa ser vista como estrada escancarada para que muitos males se disseminem na sociedade como um todo.

— Sim, Yvonne. Tem razão, infelizmente — Cecília concordou com certa tristeza na voz.

Eu tinha a convicção de que poderíamos buscar mais esclarecimentos na convivência com Cecília. Então, decidi indagar:

— O crescimento da violência nas escolas, os assassinatos de alunos contra alunos, de alunos contra professores, podem ser compreendidos dentro das bases emocionais que você apresentou e que estão corroídas pelo materialismo?

— Falarei de casos reais que acompanhei junto à equipe espiritual de nosso hospital em ocasião de termos socorrido adolescentes que desencarnaram vítimas dessas circunstâncias.

Crimes juvenis

Cecília fez nova pausa e nos surpreendeu mais uma vez com seus relatos:

— Nossa equipe foi acionada para socorrer alguns jovens que assassinaram seus colegas de escola e depois se suicidaram.

Chegamos ao local e vimos os corpos caídos. Junto deles, os garotos e garotas que tinham sido mortos estavam sentados no chão ainda aturdidos pelo rompimento dos laços fluídicos quebrados repentinamente. Eles não sentiam dor alguma causada pelos ferimentos, mas experimentavam grande desconforto, já que gozavam de perfeita saúde, e no quadro atual, eram vistos como vítimas dos assassinos juvenis. Em contrapartida, os garotos que se suicidaram se contorciam vivenciando, cada qual, dor lancinante no órgão correspondente atingido pelo disparo. Um urrava de dor com as mãos sobre a cabeça, o outro apertava o ouvido direito por onde jorrava sangue, já que a bala fora disparada em sua têmpora. Espíritos amigos das vítimas e dos jovens infratores se aproximaram dos infelizes procurando minimizar o quadro doloroso. Surpreendeu-nos a atitude de uma nobre entidade, uma senhora de perfil respeitável, que era avó de uma menina atingida por tiro no abdômen. Ela acolheu a neta em seus braços envolvendo-a com profundo carinho e afeto, mas ao ouvir os gritos terríveis dos dois autores da chacina, se dirigiu a mim exalando compaixão e pediu:

– Atenda primeiro a esses dois infelizes, porque eles não sabem o que fizeram.

Todo o grupo socorrista ouviu a rogativa daquela senhora e compreendeu a profunda mensagem de compaixão e misericórdia que brotava do coração dela.

Nesse mesmo instante, os dois jovens foram amparados amorosamente para que, no momento oportuno, tivessem o encontro com a própria consciência e as consequências dos atos praticados.

Todos foram removidos dali para postos de assistência em nossa dimensão.

A narrativa de Cecília foi interrompida por mim.

– Os dois garotos infelizes se enquadram nos processos conflituosos trazidos por você?

– O homem ainda não aprendeu, Luiz Sérgio, que todo gesto de amor que ele pratique abençoa toda a humanidade. Da mesma forma, que toda atitude violenta agride o conjunto dos seres humanos. Após o socorro possível para essa situação, pedi autorização para me aprofundar nos estudos sobre o aspecto psíquico-comportamental dos jovens equivocados. A decisão de perpetrar aquele crime nasceu dos conflitos emocionais desenvolvidos através dos meses que antecederam a tragédia e foi engenhosamente planejada dos dois lados da vida.

— Então, espíritos desencarnados urdiram o assassinato dos alunos? — Zoel indagou.

— Isso mesmo, Zoel. Estudando *O Livro dos Médiuns* aprendemos que todo processo obsessivo se dá pelas brechas morais do hospedeiro encarnado. Os autores do terrível acontecimento experimentavam em suas vidas particulares processos de deterioração psíquica que tinham alguns componentes em comum: família desestruturada, vítimas de *bullying* durante longo período, falta de disciplina em sua dinâmica de vida, influência espiritual pela falta de limites em lidar com jogos eletrônicos que cultivam a violência. Eram muitas as situações que contribuíam para que os dois perdessem a autoestima.

— A divulgação de outros massacres ocorridos em outros países também chamou atenção desses garotos, que no fundo, queriam ser amados, mas em suas limitadas compreensões e absoluta carência de afetividade, entendiam que chamar atenção sobre si, mesmo que de maneira trágica, seria suficiente para despertar algum tipo de admiração. As dores que eles sentiam em suas almas abriram as brechas morais para que entidades trevosas passassem a conviver mais intimamente com eles. Tanto os adolescentes infratores, quanto as vítimas, têm a própria biografia reencarnatória.

– Os fatos ocorridos na escola nasceram do egoísmo e da falta de amor praticada pelos seres humanos. E todos são afetados pelo contexto de um planeta de provas e expiações. É preciso lembrar que na Terra não reencarnam espíritos inocentes, e que todos somos responsáveis por nossas vidas. A escola planetária abriga espíritos da nossa condição e, infelizmente, ainda testemunharemos muitos escândalos até que novo tempo nasça.

– Um deles era médium, não é, Cecília? – Yvonne indagou.

– Sim, médium ostensivo, pois ouvia muitas vozes que o incitavam ao massacre na escola. O outro não era portador de mediunidade ostensiva, mas igualmente sofria considerável influência, uma vez que alimentava profundo ódio e desejo de vingança por não ser aceito pelas meninas e pelo *bullying* que sofria por parte dos garotos.

– Nossos jovens estão profetizando, Cecília? – Augusto questionou.

– Infelizmente, estão profetizando a dor. Em muitos eventos em que a luxúria é exaltada, o sexo entronizado, o álcool cultuado e a droga reverenciada como instrumento de felicidade, os processos obsessivos são pandêmicos. A mediunidade no mundo juvenil precisa ser mais observada e atendida. As nobres instituições espíritas podem oferecer palestras e esclarecimentos doutrinários que vão ao encontro da vida de nossos jovens. São alarmantes os quadros obsessivos que visitam os lares, e os pais por desconhecimento não se dão conta dessa dolorosa realidade.

– E isso acontece dentro de lares espíritas também – asseverei.

– Verdade, Luiz Sérgio. Parece que os espíritas não percebem que a realidade espiritual abarca todos os lugares onde existam espíritos, incluindo os próprios lares. Aqueles pais e mães que são médiuns e que se preparam para as reuniões semanais, em que laboram as questões da enfermidade obsessiva, carecem de voltar suas atenções para a invasão de obsessores que se dá dentro das próprias casas influenciando seus filhos. A falta de educação e a ausência dos pais são portas escancaradas para a entrada de verdadeiras legiões de espíritos malfeitores.

– Cecília, nesse estudo profundo que estamos realizando para alertar pais e educadores em geral sobre os conflitos emocionais e espirituais, podemos transcrever a descrição de como se dá a influência espiritual obsessiva esclarecida por Allan Kardec em *O Livro dos Médiuns*. Então, peço a oportunidade de rememorar o que consta nessa obra basilar sobre a parapsicologia mundial.

– Gostaria de aproveitar esse momento para fazer uma ponte entre os ensinamentos de Allan Kardec em O *Livro* dos *Médiuns* e os processos obsessivos na adolescência. À medida que Yvonne for nos trazendo os preciosos ensinamentos, eu farei os adendos a respeito do mundo juvenil.

– Ótimo, Cecília, muito bom! – eu comentei entusiasmado.

– Não quero perder nenhuma palavra! – Augusto também falou animado.

A obsessão e os conflitos juvenis

Todos fitávamos Yvonne, que tomando a palavra, rememorou os ensinamentos do Codificador do Espiritismo:

– Em O Livro dos Médiuns temos o fenômeno da obsessão sendo descrita por três formas de expressão:

"OBSESSÃO SIMPLES

Dá-se a obsessão simples, quando um Espírito malfazejo se impõe a um médium, se imiscui, a seu mau grado, nas comunicações que ele recebe, o impede de se comunicar com outros Espíritos e se apresenta em lugar dos que são evocados...

Na obsessão simples, o médium sabe muito bem que se acha presa de um Espírito mentiroso e este não se disfarça; de nenhuma forma dissimula suas más intenções e o seu propósito de contrariar. O médium reconhece sem dificuldade a traição e, como se mantém em guarda, raramente é enganado. Este gênero de obsessão é, portanto, apenas desagradável e não tem outro inconveniente, além do de opor obstáculo às comunicações que se desejara receber de Espíritos sérios, ou dos afeiçoados..."[4]

– No mundo dos adolescentes a obsessão simples se caracteriza pela infiltração sutil e gradativa de espíritos que vão incutindo ideias que procuram levar o jovem a desacreditar dos conselhos dos pais e da importância da família. O garoto ou garota que tem uma família bem-constituída e a presença dos pais em suas vidas consegue afastar esses pensamentos até que eles percam a força. O espírito obsessor tenta desconstruir a relação de confiança entre pais e filhos. A maioria dos adolescentes não sabe que existe uma influência espiritual perniciosa, que perderá a força enquanto os laços de respeito e amor forem mantidos no ambiente do lar.

"FASCINAÇÃO:

A fascinação tem consequências muito mais graves. É uma ilusão produzida pela ação direta do Espírito sobre o pensamento do médium e que, de certa maneira, lhe paralisa o raciocínio, relativamente às comunicações. O médium fascinado não acredita que o estejam enganando: o Espírito tem a arte de lhe inspirar confiança cega, que o impede de ver o embuste e de compreender o absurdo do que escreve, ainda quando esse absurdo salte aos olhos

---

4   KARDEC, Allan. *O livro dos médiuns*, cap. 23, item 238.

de toda gente. A ilusão pode mesmo ir até ao ponto de o fazer achar sublime a linguagem mais ridícula. Fora erro acreditar que a este gênero de obsessão só estão sujeitas as pessoas simples, ignorantes e baldas de senso. Dela não se acham isentos nem os homens de mais espírito, os mais instruídos e os mais inteligentes sob outros aspectos, o que prova que tal aberração é efeito de uma causa estranha, cuja influência eles sofrem.

Já dissemos que muito mais graves são as consequências da fascinação. Efetivamente, graças à ilusão que dela decorre, o Espírito conduz o indivíduo de quem ele chegou a apoderar-se, como faria com um cego, e pode levá-lo a aceitar as doutrinas mais estranhas, as teorias mais falsas, como se fossem a única expressão da verdade. Ainda mais, pode levá-lo a situações ridículas, comprometedoras e até perigosas.

Compreende-se facilmente toda a diferença que existe entre a obsessão simples e a fascinação; compreende-se também que os Espíritos que produzem esses dois efeitos devem diferir de caráter. Na primeira, o Espírito que se agarra à pessoa não passa de um importuno pela sua tenacidade e de quem aquela se impacienta por desembaraçar-se. Na segunda, a coisa é muito diversa. Para chegar a tais fins, preciso é que o Espírito seja destro, ardiloso e profundamente hipócrita, porquanto não pode operar a mudança e fazer-se acolhido, senão por meio da máscara que toma e de um falso aspecto de virtude. Os grandes termos – a caridade, humildade, amor de Deus – lhe servem como que de carta de crédito, porém, através de tudo isso, deixa passar sinais de inferioridade, que só o fascinado é incapaz de perceber. Por isso mesmo, o que o fascinador mais teme são as pessoas que veem claro. Daí o consistir a sua tática, quase sempre, em inspirar ao seu intérprete o afastamento de quem quer que lhe possa abrir os olhos. Por esse meio, evitando toda contradição, fica certo de ter razão sempre."[5]

– O processo obsessivo de fascinação na mente adolescente é grave, pois nasce da deterioração do relacionamento familiar. Muitos jovens têm a mente envenenada, pois acreditam que tudo que parta dos pais tem o objetivo de podar sua liberdade e ir contra os seus interesses.

– Espíritos muito astutos se aproveitam das contendas no lar para semear a desconfiança e a discórdia.

– O agravamento dessa situação se dá pelo fato de todo adolescente potencializar em demasia aquilo que lhe chega aos sentidos. Se o pai lhe faz uma advertência simples, ele a potencializa tal qual uma radical proibição, partindo para o confronto e para a discussão que só agrava o relacionamento.

---

[5] KARDEC, Allan. *O livro dos médiuns*, cap. 23, item 239.

– Sem que o adolescente consiga identificar o amor que os pais lhe devotam, compreende que tudo que parte deles visa a retirar sua autonomia e impedir o desenvolvimento de suas amizades e relacionamentos.

– Espíritos inferiores muito inteligentes procuram incutir e alimentar a ideia da rebeldia gratuita. Então, vem aquele desejo de fugir de casa acompanhado dos pensamentos suicidas. Por sua vez, os pais passam a ser vistos tais quais inimigos a serem vencidos.

– É nessa fase que muitos rompimentos acontecem por uma deturpação do sentido das coisas que os processos de fascinação desenvolvem.

– Todavia, precisamos alertar os jovens e seus pais de que nas relações em que as agressões verbais predominem, os espíritos obsessores ganham mais campo de ação.

– Daí a recomendação de que o respeito e a paciência sejam as medidas contendoras da expansão da infiltração espiritual.

"SUBJUGAÇÃO:

A subjugação é uma constrição que paralisa a vontade daquele que a sofre e o faz agir a seu mau grado. Numa palavra: o paciente fica sob um verdadeiro jugo.

A subjugação pode ser moral ou corporal. No primeiro caso, o subjugado é constrangido a tomar resoluções muitas vezes absurdas e comprometedoras que, por uma espécie de ilusão, ele julga sensatas. No segundo caso, o Espírito atua sobre os órgãos materiais e provoca movimentos involuntários...

Dava-se outrora o nome de possessão ao império exercido por maus Espíritos, quando a influência deles ia até à aberração das faculdades da vítima. A possessão seria, para nós, sinônimo da subjugação..."[6]

– A subjugação da mente adolescente por influência espiritual se dá pela total perda do bom-senso e da capacidade de discernir entre uma coisa e outra. Sua capacidade de discernimento fica comprometida, e os processos depressivos se instalam de maneira a fragmentar quaisquer valores nobres que ele tinha até então.

– Na fascinação, assim também na subjugação, as dores da alma deflagram as crises de automutilação, e o desejo suicida cresce.

– Muitas entidades obsessoras, que buscam vingança por dívidas pretéritas, se aproveitam dessas fases mais agudas da influência espiritual para levar os jovens ao autoextermínio.

– Não podemos nos esquecer de que os alucinógenos são instrumentos poderosos para acelerar o domínio das trevas sobre os corações juvenis.

– Precisamos estar atentos e ressaltar mais uma vez que na cabeça dos adolescentes todas as difi-

---

6 KARDEC, Allan. *O livro dos médiuns,* cap. 23, item 240.

culdades são potencializadas pela inexperiência e inabilidade em lidar com as frustrações. E a maioria das situações seria perfeitamente administrável, todavia, os conflitos emocionais dimensionam demasiadamente as dificuldades na cabeça e no coração dos jovens.

Ouvimos Yvonne em sua rememoração dos ensinamentos sobre obsessão contidas em *O Livro dos Médiuns* e nos impressionamos com a contextualização feita por Cecília sobre os mesmos processos desencadeados nas mentes adolescentes. E após ouvir tudo aquilo, e mesmo estando há alguns anos no trabalho de socorro e amparo aos jovens, só me restou afirmar, tal qual o filósofo grego:

Só sei que nada sei.

A mediunidade de Jonatan

O pai de Jonatan chegou em casa tarde da noite.

Ísis, que conversava com o filho no quarto, ouviu o barulho da porta na parte inferior da casa, mas não se preocupou, pois estava acostumada à ausência constante do marido, que invariavelmente voltava altas horas para o lar.

Mãe e filho continuaram a conversar, descontraidamente, até que Albérico passou pelo corredor em frente à porta do quarto que estava aberta, sem ao menos dar boa noite para a esposa e o filho.

Lindaci, a vigilante protetora de Jonatan, acompanhou tudo da dimensão espiritual.

Atrás do pai de Jonatan uma entidade feminina surgiu na porta do quarto e observou a conversa entre mãe e filho. Sutilmente, ela se aproximou e abraçou Jonatan, que registrou a sensação passada pelo espírito. Como se sentisse frio, ele se arrepiou e comentou com a mãe:

– Nossa! Que calafrio me percorreu a coluna...

Assim que identificou em Jonatan a capacidade de registrar sua presença, ela procurou envolver o adolescente.

Ísis percebeu a mudança do filho, pois ele havia perdido a concentração sobre o assunto que eles tratavam – era um trabalho de química em que Ísis o orientava.

Jonatan, então, disperso ouviu uma voz dentro de sua cabeça a lhe dizer:

– *Seu pai não presta! Ele fica enganando sua mãe, que não merece isso!*

– O que foi, Jonatan? Sua fisionomia mudou. Aconteceu alguma coisa? – Ísis perguntou ao filho.

Nesse instante, Albérico apareceu na porta e sem ao menos dar boa noite, reclamou com Ísis:

– Minhas roupas de dormir não estão na gaveta como de costume!

Ísis se voltou para a porta, pois estava de costas, e procurou contemporizar:

– A arrumadeira é nova e não deve ter colocado suas roupas na gaveta de costume...

Inexplicavelmente, Albérico ergueu a voz revelando grosseria:

– **Eu pago as despesas nesta casa para que tudo atenda às minhas exigências...**

– Nem cumprimenta a gente direito e já chega brigando – argumentou Jonatan.

– **Eu não falei com você, moleque!**

– Se falasse iria chover, porque você nem sabe que eu existo!

A entidade feminina sorriu e abraçou Jonatan, dizendo-lhe ao ouvido:

– *Ele estava com a amante!*

– **Como posso falar com alguém que não representa nada pra mim!** – Albérico afirmou com ironia.

– Não sou filho da sua amante, por isso você não fala comigo!

– **O que foi que você disse, moleque, eu arrebento você!**

Albérico ameaçou partir para cima do filho, mas Ísis interveio:

– Por favor, Albérico! Deixe o Jonatan quieto e não ouse tocar no meu filho!

– **Você defende esse peso morto?**

– Você não é meu pai, e minha mãe não é uma das suas putas!

A entidade gargalhava com o que promovia, foi quando Lindaci interveio pedindo para que ela se retirasse.

No mesmo momento, chegávamos à casa de Jonatan e em esforço redobrado procuramos aplicar passes anestesiantes em Albérico, que cedeu rapidamente, porque também tinha seu organismo tomado por teores alcoólicos. O seu raciocínio estava comprometido e com dificuldades de concatenar as ideias.

Jonatan, apertando os punhos com raiva, correu para o banheiro e trancou a porta, se entregando a choro convulsivo.

Ísis procurava se controlar para não entrar em discussão com o marido para proteger o filho, mas imensa amargura tomava conta de seu coração.

O momento doloroso foi quebrado pelo sinal sonoro do telefone celular dando conta de que acabava de chegar uma mensagem. Meio atrapalhada, Ísis pegou o telefone e viu identificado o nome de Priscila.

– O que a diretora da escola de Jonatan quer a esta hora? Ela hesitou, mas abriu a mensagem.

Boa noite, Ísis! Temos uma pessoa que desenvolve um trabalho com jovens que amanhã estará no centro espírita. Ele é muito experiente em situações como a de Jonatan. Você não gostaria de trazê-lo amanhã para uma conversa?

Observávamos a cena torcendo para que Ísis aceitasse a ajuda.

Após refletir por alguns minutos, ela escreveu: *Boa noite, Priscila! Sua mensagem chegou em boa hora. Amanhã estarei com ele no centro espírita.*

Augusto e Zoel adentraram o banheiro e encontrando Jonatan sentado no chão, ainda choroso, ministraram energias calmantes e renovadoras para que ele pudesse retomar seu equilíbrio.

– Ele está mais sensível do que nunca, pois o pai trouxe para casa a companhia de uma entidade feminina que não encontrou dificuldades em enredar Jonatan.

– E foi assim que a confusão se deu? – indaguei.

– Isso mesmo. Tentei neutralizar as mórbidas emanações destiladas por ela, mas meu esforço foi em vão – disse Lindaci.

– A grande questão é que a animosidade entre pai e filho é porta aberta para a perturbação. Essa foi a senha de acesso que facilitou a comunicação mediúnica da qual Jonatan foi instrumento em relação ao pai. Juntou a raiva que sentia com a inspiração oferecida pela entidade ignorante – esclareceu Yvonne.

– Mas, a boa nova é que Jonatan irá ao centro espírita com Ísis.

– Isso é ótimo, Lindaci! Amanhã todos estaremos presentes para auxiliar esse adolescente a lidar com seus instrumentos medianímicos – eu falei com satisfação.

Adolescente médium

Infelizmente, mesmo entre os espíritas, a mediunidade presente no universo dos adolescentes não é relevante. Costuma-se prestar atenção apenas se a capacidade sensorial do médium juvenil for muito ostensiva, o que não ocorre na maioria das vezes, mas isso não significa que os traços mediúnicos, mesmo que sejam rudimentares, não sejam portas abertas para o intercâmbio entre as duas dimensões.

Essa realidade pouco explorada, quando nos referimos aos conflitos emocionais dessa faixa de idade, é componente determinante para a instauração de conflitos delicados num quadro familiar fragmentado.

A explanação de Cecília sobre os quatro aspectos basilares para a compreensão e um estudo mais aprofundado sobre o psiquismo do espírito no mundo juvenil é altamente relevante, pois nos tira do lugar comum e, de certa forma confortável, de tratar os adolescentes feito aborrecentes. Trata-se de uma idade muito delicada, e quando destituída de bons exemplos por parte dos educadores, realmente facilita a influência de espíritos perversos.

É num quadro de grande permissividade que a educação moderna se desenvolve hoje.

Não bastasse tudo isso, as questões da sexualidade estão banalizadas, e um sem número de espíritos que faliram nesse campo em vidas passadas hoje se entregam cada vez mais cedo à iniciação sexual, sem estarem devidamente educados para tão grave cometimento.

Chegamos ao centro espírita para acompanhar o atendimento que seria dado ao Jonatan.

De nossa parte, tudo faríamos para atender às necessidades aflitivas do jovem médium, mas de certa forma havia certa preocupação de minha parte, pois eu temia que a pessoa responsável pelo atendimento acolhesse o adolescente da mesma maneira que se orienta um adulto. Por tudo que venho aprendendo e também por minha experiência com esse público, meu temor era de que uma postura catequista por parte do orientador fraterno afastasse, definitivamente, Jonatan do centro espírita.

O desejo não é arrebanhar um grande número de jovens para o Espiritismo, mas esclarecer de maneira adequada os jovens que procurarem as nossas instituições para amenizar os conflitos juvenis que têm o componente espiritual. E de certa forma todos os conflitos, de adultos ou adolescentes, têm algum componente nesse campo, já que nos influenciamos mutuamente sem cessar.

Priscila já estava na instituição e havia solicitado a uma evangelizadora, que também atuava enquanto atendente fraterna no centro espírita, para recepcionar Jonatan. No entendimento dela e no nosso, Isabelle seria a pessoa mais capacitada para aquela ação especial.

O relógio marcava dezenove horas e quinze minutos quando Ísis e Jonatan chegaram à instituição. Ao identificarem a presença de Priscila, logo se dirigiram a ela:

– Olá, Priscila!

– Que bom recebê-los aqui! Tudo bem, Jonatan?

– Tudo – foi a resposta simples.

Ele olhava para todos os lados com curiosidade.

– Isabelle é quem vai atender vocês. Venham comigo até a sala de atendimento fraterno.

– Eu não vou ver nenhum espírito aqui, né?

– Não, Jonatan. Nem se preocupe – Priscila respondeu sorrindo.

Eles caminharam por grande corredor até chegarem à frente de uma porta com uma placa que dizia: Atendimento Fraterno.

Ísis bateu na porta e de pronto todos ouviram uma voz feminina pedindo para que entrassem.

– Isabelle, essa é Ísis, mãe de Jonatan.

Todos se cumprimentaram, e Priscila pediu licença para se retirar.

– Gostaria que você estivesse presente, Priscila! – Ísis pediu.

– É, eu também gostaria – Jonatan reafirmou o convite da mãe.

– Ah... sim, eu fico – a diretora da escola concordou sorrindo.

– Ótimo, Priscila, também aprovo o pedido deles – Isabelle comentou.

A sala estava repleta, na nossa dimensão, pois lá estava o nosso pequeno grupo para aprender e participar, caso fosse necessária a nossa ajuda.

Todos se acomodaram e Isabelle indagou:

– Quer me contar o que anda deixando seu coração angustiado, Jonatan?

Silêncio.

Jonatan olhou para a mãe e teve dificuldades de falar.

– Quer que eu comece, filho?

– Pode ser, mãe!

Isabelle deixou os dois à vontade para que, voluntariamente, Jonatan abrisse o coração sem ter de responder, pelo menos naquele momento, a perguntas prontas.

– Jonatan desde pequeno diz que vê coisas, como vultos. Sempre procurou meu quarto para dormir e não queria ficar sozinho. Foi preciso que passassem alguns anos para que ele perdesse o medo.

– Acho que aceitei dormir no meu quarto com oito anos – disse ele, espontaneamente.

Todos aguardaram alguns instantes para que ele prosseguisse em sua narrativa.

– E desde sempre meu pai me expulsava de lá.

– É, o Albérico nunca teve paciência com o filho.

– De verdade mesmo, ele não gosta de mim, nunca gostou e nunca se interessou pelas coisas que acontecem comigo.

Jonatan foi abrindo o coração, o que não é muito comum na adolescência, ao menos que se estabeleça um processo de confiabilidade que leva tempo para se estabelecer. Mas, para nossa satisfação, ele experimentou grande empatia por Isabelle, pois com Priscila já havia vínculos de confiança efetiva por causa da maneira como ela o acolhia na escola.

– Tem dias que é bem difícil ficar dentro daquela casa e tenho vontade de sumir. Principalmente, quando ele chega em casa. Os pelinhos do meu braço chegam a levantar. Mas, eu gosto do meu pai e ainda assim tenho medo dele.

Silêncio.

– Albérico é espírito de coração endurecido – Lindaci começou a nos relatar. – Os três têm uma história que vem de outras vidas em que Jonatan e Ísis já foram pais adotivos dele. E naquela oportunidade como filho, Albérico equivocou-se muitas vezes no campo da sexualidade. Quando Anselmo, esse era o nome de Albérico, chegou no lar de Teresa e Norberto com 15 anos de idade, foi recebido como filho legítimo e com muito amor. Anselmo era portador de impressionante magnetismo, e hoje como Albérico é possuidor de um carisma irresistível.

– Norberto acalentava o ideal de dar um lar aos filhos que não têm pai, sempre desejou acolher os que não experimentaram a ventura do acolhimento de uma família bem-estruturada. Seu grande sonho era dar o pão do corpo e da alma, pois acreditava na mensagem do Carpinteiro Nazareno de que devemos nos amar uns aos outros.

– Seu idealismo em prol dos desditosos sem lar foi abraçado por Teresa. Ele com 34 anos, herdeiro de grande patrimônio, ela com 29, naquela oportunidade entendiam que deveriam acolher os órfãos de qualquer idade, e assim fizeram quando trouxeram o adolescente Anselmo do orfanato da cidade.

– O coração de Norberto não cabia em si de felicidade e ele não media esforços para que aquele jovem recebesse todo amor possível. Teresa se afeiçoou de tal forma a Anselmo que não se via um sem que se avistasse o outro.

Estávamos impressionados com a narrativa de Lindaci.

– Sabemos que nos lares se reúnem espíritos comprometidos entre si, tanto pelos laços de amor e afinidade, quanto para as lições e aprendizados dolorosos – ela prosseguiu.

– Mas, o que era afeto maternal foi se transformando para as sensações no campo sensual. E de filho adotivo, Anselmo transformou-se em amante da mãe adotiva. Nesse ínterim, Norberto foi acolhendo outros órfãos, e a casa foi se transformando em uma movimentada escola de almas. Anselmo planejou a morte de Norberto e preparou tudo para eliminar o "rival". Do mundo espiritual envidamos todos os esforços para dissuadi-lo da intenção criminosa. Foi quando Teresa propôs a fuga de ambos para viverem a vida desejada. E assim se deu. Norberto, aturdido e decepcionado, teve dificuldades em lidar com aquela traição, mas os órfãos preencheram sua vida de afeto e amorosidades. E com esses méritos, em idade avançada, ele retornou ao mundo espiritual, onde foi recebido com júbilo e imensas alegrias. Depois de alguns anos, já integrado como um dos nossos mais atuantes trabalhadores, participou da equipe que recebeu na dimensão espiritual Anselmo e Teresa. Tomados de profundo remorso, os dois recebiam visitas diárias de Norberto, que os cuidava como filhos do coração, assim como ele fizera com seus filhos órfãos do mundo.

Lindaci fez uma pausa para secar furtiva lágrima que lhe escapou dos olhos.

A filha do coração

— Perdoe a minha indagação, Lindaci — Yvonne interrogou. — E você, que papel desempenhou nessa história?

Novamente, fomos surpreendidos pela cena, pois Lindaci não conseguiu deter as lágrimas que agora jorravam copiosas de seu coração.

— Eu? Eu sou uma das órfãs, filha agradecida do papai Norberto, que fui resgatada de um depósito de lixo onde fui abandonada por uma mãe adolescente, que foi seviciada pelos homens em um prostíbulo durante toda a sua vida. Cuidei dele até que a morte o tragasse dos meus braços agradecidos, porque um dia fui tragada pelo amor generoso de um pai que sabe a importância da família na vida de todo ser humano.

Olhei para Yvonne e me juntei a ela nas lágrimas que escapavam premidas pelo nosso coração. Zoel se aproximou de Lindaci e a abraçou, no que foi seguido por todos nós. Após alguns minutos de silêncio em que a emoção foi absorvida, comentei:

— Então, esse adolescente médium é o nosso Norberto?

— Sim! — Lindaci esclareceu. — Ele reencarnou para cumprir a missão de, através da mediunidade, exemplificar novamente o trabalho de amor por meio da adoção. Se ele conseguir superar essa fase de imensos conflitos na adolescência, se for orientado quanto à importância do evangelho em sua estruturação emocional, certamente cumprirá a missão que se comprometeu a cumprir na presente encarnação.

— E o Anselmo, hoje Albérico, segue se entregando às paixões que a vida material proporciona – Augusto obtemperou.

— Infelizmente. A condição financeira, que também funciona como prova para muitos, o tragou do roteiro que ele assumiu antes de reencarnar, que era conduzir Jonatan para o cumprimento de sua tarefa. Mas, Teresa, hoje Ísis, se mantém fiel ao serviço prometido.

— Sua narrativa e seu exemplo, Lindaci, nos levam a ter um olhar mais abrangente na compreensão dos conflitos juvenis – argumentou Zoel.

— Nem todo adolescente tem a história de Jonatan, mas toda família tem seus dramas e alegrias. Por isso, a educação pela ótica reencarnacionista é a manifestação do amor de Deus em nossas vidas.

Porque ontem ou hoje somos convidados a refletir no papel que nos cabe cumprir na vida dos que amamos – Cecília que até então acompanhava tudo sem emitir qualquer fala, aduziu com sabedoria.

Nossa atenção se voltou para Isabelle que, pela primeira vez, perguntou:

– Você dorme bem, Jonatan?

– Tenho muitos pesadelos e nunca me sinto sozinho. Parece que tem sempre alguém que não vejo do meu lado. O que me livra dessas sensações é o gosto pela escrita.

– Ele tem ótimas notas e sempre é o melhor aluno da escola em redação – Priscila argumentou com satisfação.

– Em casa, Jonatan fica muito tempo escrevendo – Ísis complementou.

– Já tenho algumas coisas prontas que estão guardadas.

Evidenciava-se cada vez mais as faculdades mediúnicas de que o adolescente era portador.

– Esse momento da conversa é muito importante, e a atendente precisa estar atenta – Cecília nos alertou.

– Por que você diz isso, Cecília? – Zoel questionou.

– Ele está falando das coisas que são importantes para ele. É o mundo dos interesses dele que é o ponto relevante para o estabelecimento definitivo dos laços de confiança. Tanto em família ou em qualquer outra atividade com os adolescentes, os adultos precisam estar interessados em participar da vida deles, tornando relevantes esses momentos em que eles se abrem e falam sobre si mesmos. E seja qual for a fala, é preciso ouvi-la com o máximo de atenção.

— Quantos adolescentes se revoltam com os pais por eles fazerem pouco caso de suas falas? E essa é a justificativa para que ocorra um afastamento entre pais e filhos. Segundo suas próprias palavras, Cecília, o adolescente potencializa o que ouve, o que vê e o que sente, não é isso?

— Isso mesmo, Luiz Sérgio. Não temos como sondar o que se passa no coração dessa turma, a não ser que a respeitemos com todo o seu extremismo emocional.

— Você gosta de música, Jonatan? — Isabelle indagou.

— Gosto muito!

Inspirada por nós, Priscila perguntou:

— Você não quer falar sobre esses cortes no braço, Jonatan?

Nesse momento, ele ergueu as mangas da blusa e deixou à mostra os cortes da automutilação.

Ísis ficou com os olhos cheios de lágrimas, mas se controlou.

— Eu já me cortei muitas vezes, mas agora parei um pouco.

— Se quiser falar sobre isso, gostaria de ouvir — comentou Ísis, deixando-o à vontade.

– Na maioria das vezes que me cortei foi quando senti muita vontade de me matar. Quando meu pai me xingava, dizendo que eu atrapalhava a vida dele, doía muito por dentro de mim. Então, eu desejava abrir um buraco e sumir. E eu ouvia algumas vozes que me pediam para me suicidar. Teve um dia em que me sentei na sacada lá de casa e fiquei ali alguns minutos ouvindo aquelas vozes, mas depois vi que a altura era pouca e que no máximo eu conseguiria quebrar as pernas. E sem entender muito bem, a vontade foi passando.

– Nesse dia, consegui envolvê-lo fluidicamente e insuflar em seu psiquismo outros pensamentos que o fizeram abandonar a ideia suicida – falou Lindaci.

– Tem muitos alunos que pensam em tirar a própria vida, Jonatan?

– Sim, Priscila, tem muitos.

– E qual a justificativa que eles usam para pensar nisso? – a educadora insistiu.

– Cada um fala uma coisa, mas a reclamação geral é em relação aos pais e à sexualidade. Tem muitos meninos gays e meninas lésbicas que querem se matar porque não têm coragem de dizer aos pais o que sentem por dentro. Dudu é um deles.

– Eu não sabia – argumentou Priscila.

– Só eu sei disso. Ele tem medo de sofrer *bullying* na escola e que os pais descubram como ele é. Os pais de Dudu quase não ficam em casa. Ele me contou que numa das raras vezes em que a família estava reunida, todos decidiram assistir a um filme juntos. Fizeram pipoca e se sentaram os três no mesmo sofá. Durante o filme, um dos personagens era gay. Foi quando o pai de Dudu começou a dizer que todos os gays do mundo deveriam ser mortos e que eles eram filhos de Satanás e coisas assim. Dudu disse que não ia mais assistir ao filme porque estava com dor de barriga. Então, ele foi para o quarto e não saiu mais de lá.

Assim que Jonatan terminou sua fala, Zoel envolveu Priscila em sua capacidade mediúnica pela psicofonia. Ela sentiu as vibrações agradáveis de nosso amigo e se deixou conduzir com discernimento. Zoel com amorosidade se assenhoreou das cordas vocais da educadora, e disse:

"Jonatan, sei que seu coração é grande e generoso, por isso, gostaria de te pedir para compreender as limitações do seu pai. Ele é um aprendiz e age como criança, sem saber o que fazer com a própria vida. Não se revolte com a ausência dele. Alguns pais são irresponsáveis com a missão da paternidade e irão sofrer as consequências naturais da omissão com os filhos quando a maturidade chegar. Se puder, faça um esforço e tenha olhos de compaixão para com ele. Pais e filhos são aprendizes na escola da Terra. Não creia que não existam dificuldades em todos os lugares, pois todos são aprendizes, inclusive aqui nessa casa. À medida que você aceitar e acolher as orientações que te serão dadas daqui para frente, seu caminho se abrirá para o cumprimento das ações com as quais sua alma generosa se comprometeu antes de renascer aqui na Terra. Paz ao seu coração amoroso."

Priscila abriu os olhos delicadamente.

Isabelle entendeu a comunicação e teve certeza de que precisava se valer de todos os esforços para auxiliar aquele adolescente.

Orientações

— Veja como é repleto de complexidades os relacionamentos entre pais e filhos — Cecília observou.

— Mas, não se pode culpar os pais, não é verdade? — Yvonne questionou.

— Sem dúvida! As ações educativas dos pais de hoje são fruto do legado recebido dos pais de ontem, mais limitados ainda por uma pedagogia castradora. É preciso desconstruir o entendimento de que educar é apenas alimentar, vestir e mandar para a escola. Como espíritos imortais, os filhos necessitam também de valores e sentimentos imperecíveis que irão determinar as escolhas que realizam em suas vidas. Por isso, deve ficar cada vez mais difundida a ideia de que são várias as ações que contribuem para a estruturação psicológica de nossas crianças e adolescentes. A primeira é a disciplina, pois não existe projeto educativo exitoso sem que haja disciplina aplicada desde a infância.

O segundo ponto nos pede para refletir acerca do trabalho como instrumento didático.

— A criança deve ser envolvida na dinâmica de funcionamento de uma casa e desde cedo pode assumir as responsabilidades possíveis e inerentes à própria idade. Como por exemplo, ser responsável pela própria roupa que utiliza e, quando estiver suja, colocá-la no cesto de roupas usadas. Ajudar a guardar as compras do mês. Guardar nas gavetas as roupas passadas. Existem muitas outras ações que contribuem para a compreensão de que o lar é oficina educativa em que todos podem colaborar consoante a compreensão.

— Essas práticas desconstroem o entendimento de que algumas tarefas da casa devem ser atribuídas à mãe. A vida em toda expressão da natureza revela a importância do trabalho. Essa prática no cotidiano familiar é proposta terapêutica que desenvolve um sentido de responsabilidade para as crianças e, consequentemente, para os adolescentes.

— Sua fala é sempre oportuna, Cecília. Existem algumas condutas dentro do núcleo familiar que parecem atribuir tarefas específicas apenas às mulheres, quando realmente todos os componentes do instituto doméstico podem colaborar, independentemente de estarem filhos ou pais.

— Essa é uma grande revolução sociológica que aos poucos vai transformando a sociedade. Sei que estamos muito longe de uma compreensão madura da dimensão do que seja uma família em toda a acepção democrática do termo – Augusto obtemperou.

***

– Jonatan, essa porta está sempre aberta para te receber. Gostaria de te convidar para conhecer as demais atividades do centro espírita, inclusive o nosso grupo de jovens. Sou eu mesma quem cuida desses encontros. Voltaremos a conversar tantas vezes quantas você desejar. E se surgir qualquer problema, pode me procurar. Priscila também trabalha aqui no centro e está sempre ligada a mim. Agora eu gostaria de te convidar para tomar um passe junto com sua mãe, lembrando que nada aqui tem obrigatoriedade. Se concordarem eu os encaminho agora, e Priscila os leva para esse atendimento. Minha orientação é para que venha participar do grupo jovem e participe das palestras da casa. Levem água fluidificada para casa. Informaremos para vocês todos os detalhes sobre o passe e outras ações que, tenho certeza, auxiliarão muito no equilíbrio e harmonia da situação.

Isabelle orientou acerca dos recursos disponíveis na instituição naquele momento.

Ísis sentia-se emocionalmente confortável e experimentava leveza absolutamente agradável naquele instante.

Priscila acompanhou mãe e filho para a palestra que tinha começado e, após ouvirem a exposição doutrinária, iriam para a câmara de passes.

O salão estava repleto, mas quase não se viam jovens entre o público presente.

As palavras do orador eram ouvidas atentamente:

"O espírito que reencarna precisa cumprir o seu programa redentor. Assim, aqueles que reencarnam em corpos masculinos devem levar até o final de suas existências, mesmo que sofram conflitos na área da sexualidade. Os gays e lésbicas pagarão muito caro por terem violado as leis divinas..."

– Eu não concordo com o que esse homem está falando, mãe – Jonatan comentou.

– Calma, filho, vamos ouvir em silêncio.

Ísis ouviu as palavras de Jonatan e preferiu aguardar o momento oportuno para conversar com ele.

"As famílias estão destruídas por causa desses modismos e depravações. Pais para um lado e filhos para outro lado. É o fim dos tempos. Deus está separando o joio do trigo, os filhos bons dos filhos maus..."

Eu ouvia aquilo tudo e sentia vontade de "incorporar" naquele palestrante, para que ele abandonasse aquele discurso que não educava nem orientava ninguém, mas amedrontava as pessoas que se identificassem com aquelas condutas agora execradas, ou que tivessem algum ente amado passando por aquelas lutas.

Depois de algum tempo e de uma exposição que mais amedrontou do que educou, o palestrante que apresentava ares de santificação dispôs de alguns minutos para perguntas.

— Estou à disposição para ouvir alguma indagação sobre aquilo que expus essa noite. Alguma pergunta?

Para surpresa de Ísis e Priscila, Jonatan ergueu o braço.

O palestrante, ao perceber que o braço erguido era de um garoto, evitou dar atenção, olhando para as outras pessoas do salão.

Isabelle, que estava no fundo do salão, percebeu a situação constrangedora em que se discriminava com muita delicadeza a presença de um adolescente entre os assistidos.

Então, Jonatan ficou de pé a fim de ser notado.

Assim que o palestrante viu a cena, mudou de postura.

— Temos aqui um aborrecente que quer fazer uma pergunta. O que quer saber, filho?

— Tenho um amigo de verdade que estuda comigo na escola. E ele é gay. O senhor disse que ele vai ser castigado por Deus por causa disso. É verdade essa afirmação? E se o senhor tivesse um filho gay, o que faria?

O mal-estar tomou conta do ambiente.

O palestrante ficou lívido com o questionamento, que no entender dele era uma falta de respeito com tudo que ele havia dito em sua palestra.

– Você ainda não está preparado para certas coisas. Portanto, não tem amadurecimento para compreender essas verdades. Seu amigo vai responder perante Deus por ser desse jeito. Eu não tenho um filho gay, porque aqueles que têm filho assim estão sendo castigados por terem sido gays em uma vida passada.

Toda a assembleia ficou perplexa e decepcionada com aquelas colocações.

E, novamente, se dando demasiada importância pelo fato de ser palestrante em um centro espírita, ele indagou Jonatan com grande presunção:

– Quer saber mais alguma coisa sobre isso, filho?

Jonatan, que agora estava sentado, se levantou novamente e disse:

– Tenho só mais uma coisa para dizer.

– Pode falar, menino!

– Ainda bem que não sou seu filho!

Ísis abaixou a cabeça.

Priscila estava estática e sem graça com aquela situação.

Confuso, o palestrante se sentou e olhou para Jonatan com ar de poucos amigos.

Iniciou-se o trabalho de passe, e as pessoas eram chamadas por ordem das fileiras para a câmara de passe.

— Eu quero ir embora daqui, mãe – Jonatan dizia baixinho.

— Calma, filho, não se aborreça. Algumas pessoas ainda estão aprendendo sobre certos assuntos, Jonatan. Tenha paciência com o nosso amigo palestrante. Lembre-se da orientação que ouvimos da boca de Priscila agora há pouco.

— Vamos para o passe, Jonatan? – Isabelle, carinhosamente, o convidava a receber o tratamento fluídico na câmara de passes.

A amorosidade da evangelizadora foi determinante para que Jonatan cedesse e se esquecesse, momentaneamente, das palavras irrefletidas do palestrante.

O adolescente e a homoafetividade

Os dias atuais trazem grandes desafios e maravilhosas oportunidades de aprendizado para todos nós em ambas as dimensões. Aprendo a cada dia que Deus não deixou mistérios incompreensíveis em suas leis naturais. O que nos falta, verdadeiramente, é conhecimento para compreender os processos evolutivos que a misericórdia divina nos oportuniza.

Uma das questões mais afligentes na sociedade atual é a da homoafetividade. Demoniza-se em demasia aquilo que não se conhece. Religiosos adotam o discurso do pecado para demonizar experiências evolutivas que fazem parte de um mundo de provas e expiações como a Terra. As coisas da natureza devem ser tratadas com naturalidade, já que cada um de nós que estamos vinculados a esse orbe ora encarnamos em corpos masculinos e em outras oportunidades voltamos ao mundo em corpos femininos.

O que de fato determina o quanto evoluído nós somos é aquilo que fazemos com as oportunidades que temos de promover o bem e o amor na vida das pessoas. A questão principal não é a homoafetividade ou o comportamento daqueles que se afirmam heterossexuais, uma vez que em suas práticas de vida privada existem espíritos promíscuos nas duas condições. Portanto, o caráter dos indivíduos não pode ser determinado pela condição sexual que homens e mulheres apresentam em vida, mas sim, pelo que eles fazem da própria vida se essa lesar seus semelhantes em algum momento.

Para aqueles que militam na educação infantojuvenil, entendemos que o melhor instrumento para auxiliar os educandos no caminho de uma vida equilibrada, nessa área sagrada da vida humana, é a educação responsável. Toda proibição é fonte de tormentos, por sua vez uma orientação responsável que imprima uma fala educadora e exemplos nobres deve ser nossa meta.

Diariamente, centenas de criaturas humanas de todas as idades se matam por ignorância em relação à própria experiência vivida. Diante disso, o Espiritismo, cumprindo o papel de Consolador

Prometido, tem sim o que orientar sobre esses temas com muita singularidade e bom-senso.

Por isso, eu, Luiz Sérgio, como espírito desencarnado que há muitos anos cumpre papel de educador, não proponho verdades, mas reflexões com citações hauridas pela escrita do próprio Codificador do Espiritismo. Por isso, orientamos o médium a transcrever parte de um texto colhido da *Revista Espírita* em sua edição de janeiro de 1866, que servirá de norte para aqueles que ainda insistem em ter discursos demonizantes próprios. Após a leitura e releitura profunda dos parágrafos selecionados no final do artigo do Professor Allan Kardec, intitulado "As Mulheres têm Alma?", deixamos para suas consciências responderem as questões dessa ordem.

De minha parte, definitivamente, aprendi que ninguém escolhe ser discriminado, nem ser perseguido, muito menos ser assassinado por experienciar a condição da homossexualidade.

"(...) Sofrendo o Espírito encarnado a influência do organismo, seu caráter se modifica conforme as circunstâncias e se dobra às necessidades e às exigências impostas por esse mesmo organismo. Essa influência não se apaga imediatamente após a destruição do envoltório material, da mesma forma que ele não perde instantaneamente os gostos e hábitos terrenos. Depois, pode acontecer que o Espírito percorra uma série de existências no mesmo sexo, o que faz com que durante muito tempo ele possa conservar, na condição de Espírito, o caráter de homem ou de mulher, cuja marca nele ficou impressa. Somente quando chegado a um certo grau de adiantamento e de desmaterialização, é que a influência da matéria se apaga completamente e, com ela, o caráter dos sexos. Os que se nos apresentam como homens ou como mulheres assim o fazem para nos lembrarmos da existência em que os conhecemos.

Se essa influência da vida corporal repercute na vida espiritual, o mesmo se dá quando o Espírito passa da vida espiritual para a corporal. Numa nova encarnação, ele trará o caráter e as inclinações que tinha como Espírito; se ele for avançado, será um homem avançado; se for atrasado, será um homem atrasado. Mudando de sexo, ele poderá, portanto, sob essa impressão e em sua nova encarnação, conservar os gostos, as inclinações e o caráter inerentes ao sexo que acaba de deixar. Assim se explicam certas anomalias aparentes, notadas no caráter de certos homens e de certas mulheres.

Portanto, só existe diferença entre o homem e a mulher em relação ao organismo material, que se aniquila com a morte do corpo. Mas, quanto ao Espírito, à alma, ao ser essencial, imperecível, ela não existe, porque não há duas espécies de almas. Assim quis Deus, em sua justiça para com todas as suas criaturas. Dando a todas um mesmo princípio, estabeleceu a verdadeira igualdade. A desigualdade só existe temporariamente, no grau de adiantamento; mas todos têm direito ao mesmo destino, ao qual cada um chega por seu trabalho, porque Deus não favoreceu ninguém às custas dos outros.

A doutrina materialista coloca a mulher numa inferioridade natural, da qual só é elevada pela boa vontade do homem. Com efeito, segundo essa doutrina, a alma não existe ou, se existe, extingue-se com a vida ou se perde no todo universal, o que dá no mesmo. Assim, só resta à mulher a sua fraqueza corporal, que a coloca sob a dependência do mais forte. A superioridade de algumas é simples exceção, uma bizarria da Natureza, um jogo dos órgãos e não faria lei. A doutrina espiritualista vulgar reconhece a existência da alma individual e imortal, mas é impotente para provar que não há diferença entre a do homem e a da mulher, e, portanto, uma superioridade natural de uma sobre a outra.

Com a Doutrina Espírita, a igualdade da mulher não é mais uma simples teoria especulativa; não é mais uma concessão da força à fraqueza, mas é um direito alicerçado nas próprias leis da Natureza. Dando a conhecer estas leis, o Espiritismo abre a era da emancipação legal da mulher, assim como abre a da igualdade e da fraternidade."

Nas escolas que nossa equipe tem visitado encontramos garotos que beijam garotos e depois beijam meninas, isso se chama promiscuidade. Em bailes *funks*, onde a sexualidade é a pauta que determina o comportamento da maioria dos adolescentes e ocorre a troca de vários parceiros na mesma noite, isso também tem um nome: promiscuidade. Infelizmente, a troca de parceiros em vários ambientes revela o vazio existencial de muitos garotos e garotas que se entregam a uma conduta equivocada.

Muitos jovens afirmam que não sabem definir sua condição sexual, por isso, afirmam que precisam experimentar para descobrir. É evidente que essa realidade exprime a fragmentação dos valores éticos morais que deveriam ser passados pela família.

Minha fala não traduz um Luiz Sérgio preconceituoso ou castrador, mas mostra meu coração preocupado com a ascendência do materialismo às custas dos prazeres da sensualidade.

Como lidar com esse momento?

A única ação que se mostra eficaz para minimizar toda sorte de dores e comportamentos desajustados é a EDUCAÇÃO.

Uma educação que não oprima, mas instrua.

Uma educação que não culpe, mas mostre a responsabilidade pelas escolhas.

Uma educação que não atemorize, mas esclareça.

Enquanto a maioria grita adjetivos culposos, Jesus segue acenando que a cada um de nós será dado conforme as nossas obras. Em vista dessa realidade, peço, não atire pedras em quem passa por uma experiência que sua compreensão não logre entender. Todos somos filhos queridos de Deus, e quando estivermos de frente com a nossa própria consciência, seremos cobrados pelo que tivermos feito aos nossos semelhantes.

Em O *Livro dos Espíritos*, Allan Kardec propõe na questão 200 nova compreensão sobre esse tema. Reflitamos:

"Os Espíritos têm sexo?

– Não como o entendeis, porque os sexos dependem da constituição orgânica. Há entre eles amor e simpatia, mas baseados na afinidade de sentimentos."

O Espiritismo ainda tem muito a contribuir para a felicidade humana quando for bem compreendido.

Jovens como Dudu, assim como muitos adultos, intentam relacionamentos contrários ao seu psiquismo e, na maioria das vezes, terminam por amargar experiências dolorosas por buscarem corresponder a própria constituição morfológica ou aquilo que a sociedade espera deles.

Vê-se na Terra, casamentos que terminam porque uma das partes se impôs uma situação que violenta a estrutura psíquica do espírito reencarnado.

Dudu buscou essa realidade em sua descoberta e autoafirmação.

Nos cabe respeitar as experiências evolutivas ofertadas pelo amor de Deus.

Dudu

– Vamos ao banheiro?
– Estou saindo dessa prática, Dudu – Jonatan respondeu.
– Eu ainda não consegui me livrar dessa prática e continuo cortando meus braços.
– Estou aprendendo muitas coisas que estão abrindo minha cabeça. E seus pais?
– Meus pais estão viajando de novo. Estou até pensando em pedir para a Cleide me adotar, afinal de contas, passo a maior parte do meu tempo em companhia dela, que acaba sendo a minha família de verdade. Dessa última viagem, eles até pediram para ela ficar morando lá em casa de vez. Assim, poderiam dispor de mais tempo em suas aventuras e não precisariam se preocupar comigo, se é que algum dia eles se preocuparam.
– Isso é trevas, né?
– Já nem sei mais, acho que estou acostumado. Faço o que quero e quando quero, e ninguém

pega no meu pé. Mas, me fale, o que anda aprendendo tanto?

– Minha mãe me levou a um centro espírita, acredita?

– Qual é, Jonatan, deu para essas coisas de espírito agora?

– Sabe aquelas vozes que eu ouvia? Lembra que te falei que elas ficavam pedindo para eu me matar?

– Lembro sim! E aí? Vai me dizer que eram espíritos?

– Pois é, Dudu. Estou aprendendo sobre mediunidade e ando mais tranquilo, até dormindo bem.

– E seu pai? Não te despreza mais?

– Segue do mesmo jeito, mas esse é um problema dele, não meu. O que não devo fazer é atrelar a minha vida às coisas erradas que ele faz, caso contrário ele me afeta e isso não posso permitir.

– Nossa, Jonatan, seu papo está bem maneiro. É no centro espírita que você anda aprendendo essas coisas?

– Sim. É lá mesmo.

– Então, lá deve ter muita gente santa, né?

– Pelo contrário, é cheio de "noia" como qualquer lugar. Tem gente preconceituosa e chata. E tem aqueles que se acham santos também.

– Então, vaza de lá, Jonatan!

– Que nada! Estou aprendendo que não tenho nada a ver com os problemas e preconceitos dos outros. Se o lugar está me fazendo bem, por que devo me afastar? O mundo tá cheio de doido, mas não quero mudar pra Marte. Os loucos são eles, Dudu.

— É vero. A gente perde muito tempo se incomodando com os outros.

— E como você está com aqueles sentimentos?

— Quais sentimentos? De sentir atração por meninos?

— Sim. Vai contar para os seus pais?

— Não farei isso, porque meus pais não entenderiam.

— E como vai viver com essa realidade?

— Se eu não me matar antes, viverei como tantos outros iguais a mim que são perseguidos e discriminados.

— Não quer ir ao centro espírita comigo?

— O que vou fazer lá? Os religiosos são os mais preconceituosos.

— Não são todos assim, Dudu. Tem gente muito legal. Conheço uma evangelizadora chamada Isabelle, tenho certeza de que ela vai te receber bem.

— E lá tem algum gay entre vocês?

Jonatan riu e disse:

— Tem mais de um!

Os dois caíram na gargalhada.

— Então, posso pensar em te acompanhar qualquer dia.

Na dimensão espiritual estávamos juntos com Aníbal, o avô desencarnado de Dudu.

— Estou esperançoso de que Jonatan consiga levar Dudu à casa espírita.

— Acredito que ele consiga, Aníbal. Dudu é um garoto de bom coração – falei com carinho na voz.

— Fizemos um breve estudo sobre a biografia reencarnatória de Dudu – Yvonne comentou.

— Em suas últimas seis reencarnações, ele teve corpo feminino, daí o psiquismo refletir essa condição preponderante das mais recentes personas femininas – obtemperou Aníbal.

— Essa é a real condição de seu neto, Aníbal. Fico me perguntando sobre as consequências da vida em sociedade para a realidade da reencarnação. Quantas dores seriam esclarecidas. O orgulho e a vaidade humana sofreriam um grande nocaute. O materialismo morreria agonizante. Mas, infelizmente ainda existem muitos interesses por trás das práticas religiosas que perderiam o domínio sobre grandes massas humanas – argumentou Yvonne com racionalidade.

— Impérios poderosos ruiriam com a aceitação dessa lei natural – Zoel comentou.

— Yvonne, existe alguma implicação mediúnica na prática da mediunidade por causa da condição sexual do médium? – Cecília questionou.

— A mediunidade é neutra, todos sabemos disso. O que determina sua utilidade para o bem é o comprometimento que o médium tem com sentimentos e atitudes nobres. Como em qualquer setor da atividade humana, o que eleva dá excelência às nossas ações em qualquer lugar, como médiuns ou não, é o amor e o respeito aos nossos semelhantes. Os tormentos íntimos é que nos levam a nos vincular a entidades infelizes. Isso não significa que o fenômeno mediúnico não se dê, mas o filtro pelo qual passa a moralidade das entidades comunicantes está estreitamente vinculado aos conceitos éticos morais do médium. Não existe melhor e mais atual guia para a prática da mediunidade do que *O Livro dos Médiuns*, que deve ser sempre o nosso guia no trabalho mediúnico.

E mais uma vez pedimos ao médium que transcrevesse diretamente do livro citado um trecho que pudesse dirimir todas as dúvidas a esse respeito, tendo em Allan Kardec a base da nossa fala.

Do capítulo 20 de *O Livro dos Médiuns*, que trata da influência moral dos médiuns, os itens 226.1 e 226.2 nos esclarecem:

"226. 1. O desenvolvimento da mediunidade se processa na razão do desenvolvimento moral do médium?

Não. A faculdade propriamente dita é orgânica, e, portanto, independente da moral. Mas já não acontece o mesmo com o seu uso, que pode ser bom ou mau, segundo as qualidades do médium.

2. Sempre se disse que a mediunidade é um dom de Deus, uma graça, um favor divino. Por que, então, não é um privilégio dos homens de bem? E por

que há criaturas indignas que a possuem no mais alto grau e a empregam no mau sentido?

Todas as nossas faculdades são favores que devemos agradecer a Deus, pois há criaturas que não as possuem. Podias perguntar por que Deus concede boa visão a malfeitores, destreza aos larápios, eloquência aos que só a utilizam para o mal. Acontece o mesmo com a mediunidade. Criaturas indignas a possuem porque dela necessitam mais do que as outras, para se melhorarem. Pensas que Deus recusa os meios de salvação dos culpados? Ele os multiplica nos seus passos, coloca-os nas suas próprias mãos. Cabe a eles aproveitá-los. Judas, o traidor, não fez milagres e não curou doentes, como apóstolo? Deus lhe permitiu esse dom para que mais odiosa lhe parecesse a traição."

– Precisamos deixar de lado as nossas opiniões, por vezes preconceituosas, e nos deter na essência da mensagem espírita apresentada para a humanidade por Allan Kardec – comentei.

– Todo processo ou ideia discriminatória não coaduna com a mensagem de Jesus. Se tivéssemos essa orientação como preceito orientador, não resvalaríamos em achismos pessoais que sempre depõem contra nossa causa – Augusto complementou.

Evangelização juvenil

— Isabelle, esse é Dudu, meu amigo da escola. Ele nunca frequentou nenhum ambiente religioso e veio por curiosidade...

— Vim porque ele insistiu muito, por isso estou aqui! – Dudu afirmou sorrindo.

Nesse mesmo instante, Priscila se aproximou externando grande alegria.

— Que surpresa boa! Seja bem-vindo, Dudu!

— Oi, diretora. Nem sabia que a senhora era espírita também.

— Pois é, Dudu, faço parte dessa casa aqui.

— Quero te apresentar o resto da turma, acredito que você possa se identificar com a galera daqui – Isabelle falou com simpatia.

— O que vocês fazem aqui?

— Falamos sobre Jesus, Dudu – Priscila respondeu.

— Hei, Jonatan. Você não me falou que era um encontro de beatos. Esse tal Jesus que vocês falam é o mesmo das religiões que discriminam pessoas como eu. Acho que não foi uma boa ideia ter vindo aqui.

– Calma, Dudu, relaxa um pouco. Eu te falei que cada pessoa é de um jeito. O Jesus que conhecemos aqui na casa espírita é jovem como a gente. Não é um ser inatingível. Ele aceita a nossa juventude e a maneira como somos.

– Jonatan, acho que você já está igual a outros religiosos.

– Dudu, Jonatan se sente feliz aqui porque nós o aceitamos como ele é – Isabelle falou com ternura na voz.

– Tem certeza de que vocês aceitam as pessoas como elas são? – Dudu indagou com tom de descrença na voz.

– Todos são bem-vindos em nossa casa, que é sua se desejar. Você precisa apenas se livrar desses pensamentos de que não será aceito e nos dar uma chance – Isabelle argumentou.

Outros jovens foram chegando, e Dudu foi descontraindo.

Nos bastidores espirituais da reunião nós estávamos felizes com aquela oportunidade de auxiliar com nossos recursos.

Os jovens, então, fizeram um grande círculo para fazer a prece inicial da reunião.

– Vamos fechar os nossos olhos e nos unir mentalmente para a prece de abertura. Como Jonatan trouxe para nossa reunião dessa tarde de sábado um grande presente chamado Dudu, vou pedir ao próprio Jonatan que faça a prece para o início de nosso encontro.

Era a primeira vez que ele era convidado para fazer a oração.

A expectativa era grande.

Nesse instante, Yvonne Pereira se aproximou de Jonatan e o envolveu mediunicamente.

E pela boca do filho de Ísis, a dama da mediunidade falou:

"Senhor Jesus, nesse encontro de corações juvenis que se voltam para o Teu evangelho, queremos pedir Tua assistência amorosa para todos os jovens que estão angustiados e sofrendo os mais variados conflitos com suas famílias e em seu mundo íntimo. Socorre aqueles adolescentes que desejam fugir da vida pelo suicídio por não conseguirem lidar com as dores dentro da própria alma. Queremos Te pedir também pelos adolescentes desencarnados, aqueles que caminham perdidos, sem se darem conta da própria condição de espíritos imortais. Tua mensagem juvenil nos propõe a rebeldia e a dominação do mundo pelo amor que acolhe todos os seus irmãos exatamente da maneira que eles são."

Priscila abriu os olhos e percebeu que Jonatan estava sendo instrumento de uma comunicação psicofônica.

O ambiente se revestiu de energias balsamizantes e todos sentiam a reverberação da influência espiritual através do jovem médium.

E Yvonne prosseguiu pela boca do garoto:

"Quantos jovens nesse instante estão de mãos estendidas dentro de seus lares pedindo compreensão? Quantos são órfãos de pais que se ausentam do próprio lar em demanda da ilusão?"

Dudu abriu um olho, pois nunca tinha visto Jonatan falar daquele jeito.

"Esteja conosco, Jesus, nessa tarde de festa em que a juventude aqui presente deseja viver a Tua mensagem amorosa. Fale por nossos lábios, cante por nossas bocas, abrace por nossos braços, abençoe pela nossa oração. Somos hoje o jovem rico que Te procurou pedindo para herdar o reino dos céus. Ansiamos por enterrar a ilusão do mundo e seguir os Teus passos. Assim seja!"

Jonatan abriu os olhos sem entender muito bem o que se passava.

A emoção era geral dos dois lados da reunião.

Aproveitamos para aplicar passes com o auxílio dos passistas encarnados.

Dudu não sabia explicar aquela torrente de emoções que o arrebatava, preferiu silenciar.

Um dos adolescentes do grupo que segurava um violão começou a dedilhar uma música harmoniosa.

E a emoção perdurou por mais alguns instantes.

Isabelle se acercou de Dudu, dizendo:

– Você está bem?

– Estou sim. Surpreso com o que senti aqui.

– Não temos a intenção de convencer ninguém a ficar aqui, mas se seu coração experimentar alguma alegria, e eu desejo que ela tenha visitado sua alma, então fique à vontade para permanecer.

– Tenho dificuldades. Porque acho que depois que as pessoas me conhecerem, irão me rejeitar.

– Mas, o que você traz de tão repugnante em si que vai causar esse tipo de rejeição? – indagou a evangelizadora.

– Eu sou gay!

– É isso? Me parece que é você que não se aceita. Por isso, vive se justificando.

Dudu levou um choque com as palavras de Isabelle.

– Não havia pensado dessa forma.

– Muitas vezes, nós somos nossos maiores obstáculos e não nos damos conta. Queremos que os outros nos aceitem, mas não nos amamos o suficiente. Então, passamos a maior parte do tempo procurando nos justificar, desejando que os outros nos amem. Como é seu relacionamento com seus pais?

– Praticamente não temos relacionamento, porque eles vivem viajando e me deixando sozinho. Passo a maior parte do tempo com a Cleide, que nem parente é, mas funcionária da minha mãe. A Cleide sabe mais de mim do que a mulher que me pôs no mundo.

– As suas palavras confirmam o que eu disse há pouco. Você se justifica porque deseja ser amado e aceito, mas como está gay nessa vida, aceita que as pessoas preconceituosas sejam importantes em seu viver. Se estivesse seguro e se amasse o suficiente essas pessoas, não teriam força sobre sua forma de pensar.

– Isabelle... obrigado por suas palavras. – Duas grossas lágrimas correram pela face dele.

– Quero te dar um presente – ela falou enquanto pegava um livro numa prateleira próxima. Aqui está!

– *O Livro dos Espíritos*, Allan Kardec – ele leu o título.

– Devemos iniciar a leitura dos livros pelo prefácio e introdução, mas quero pedir que leia essa pergunta que irei selecionar, depois você vai para o começo da obra, pode ser?

– Claro, Isabelle! Qual é a questão?

– Podemos fazer melhor! – ela disse com animação. – Vou ler agora junto com você. Tudo bem?

– Claro que sim!

– Pergunta 939. "Desde que os Espíritos simpáticos são levados a se unir, como se explica que entre os encarnados a afeição frequentemente exista apenas de um lado e o amor sincero seja recebido com indiferença e mesmo com repulsa? Como, além disso, a mais viva afeição entre dois seres pode se transformar em antipatia e, algumas vezes, em ódio?

Não compreendes, então, que seja uma punição, embora passageira? Além disso, quantos há que pensam amar perdidamente porque julgam apenas as aparências, e, quando são obrigados a viver em comum, não tardam a reconhecer que se tratava somente de uma paixão material! Não é suficiente estar enamorado de uma pessoa que vos agrada e que supondes dotada de belas qualidades; é vivendo realmente com ela que a podereis apreciar. Quantas uniões, por outro lado, que a princípio pareciam incompatíveis e com o correr do tempo, quando ambos se conheceram melhor, se transformaram num amor terno e durável porque baseado na estima recíproca! É necessário não esquecer que o Espírito é quem ama, e não o corpo, e que, dissipada a ilusão material, o Espírito vê a realidade.

Há duas espécies de afeição: a do corpo e a da alma, e frequentemente se toma uma pela outra. A afeição da alma, quando pura e simpática, é duradoura; a do corpo é perecível; eis porque os que se julgam amar com um amor eterno acabam se odiando, quando passa a ilusão."

– Nos nossos relacionamentos familiares também acontece de não existir uma afeição verdadeira, nascida do espírito. Pode ocorrer com nossos pais também. Eles nos amam como conseguem nos amar, nada mais. Essa pergunta feita por Allan Kardec nos resgata da mágoa e da cobrança que fazemos muitas vezes aos outros por não aceitarmos o amor que eles têm para nos dar.

– Acho que você está me ajudando muito, Isabelle.

– Dudu, eu acredito na resposta dada pelos espíritos a Kardec, quando eles afirmam com sabedoria, nesse trecho: "É necessário não esquecer que o Espírito é quem ama, e não o corpo, e que, dissipada a ilusão material, o Espírito vê a realidade." Ame-se! E você não irá se preocupar e cobrar o amor dos outros. Não se acredite indigno de ser amado pelo fato de ser gay, porque aqueles que te amarem de verdade trarão em si o amor genuíno que nasce pelo espírito que você é, não pelo que a sociedade exige que você seja.

Lágrimas abundantes cobriram a face de Dudu.

Jonatan aproximou-se, dizendo:

– E então? Vamos embora?

– Gostaria de ficar conversando mais um tempo com Isabelle, mas tenho um livro que ganhei de presente para ler.

As atividades foram encerradas e todos se despediram com profunda alegria no coração.

O trabalho continua

– Não sei se o pai de Jonatan vai despertar para a grande oportunidade de aprender e amar com o filho. Também não sei se os pais de Dudu irão entender que a presença deles é importante na vida do filho. Não podemos pensar no lugar dos outros, muito menos decidir pelos outros, mas a única coisa que eu sei é que podemos fazer sempre o melhor por aqueles que amamos, disso eu tenho a mais absoluta certeza.

– Tem toda razão, Luiz Sérgio. A hora é de gratidão por tantas oportunidades e aprendizado – Augusto falou sorrindo.

– O que nos resta é muito, pois somos ricos por poder servir à causa do bem. Que surjam novas lições, porque serei sempre um aluno dedicado – Zoel comentou feliz.

– De minha parte, quero mergulhar ainda mais nos conflitos para bem mais entendê-los e poder ajudar quanto à compreensão da mente juvenil.

Agradeço imensamente por ter participado desse grupo que me fez crescer demais – Cecília argumentou confiante.

– Não sei o que dizer, mas uma coisa é certa: estou mais próxima dos seres humanos reais, dos espíritos falíveis iguais a mim. Nesse trabalho desci do pedestal em que a ilusão de muitos me colocou por causa do meu trabalho como médium em minha recente encarnação. Se as pessoas irão acreditar, eu não sei, e também não me importa. O que sei, verdadeiramente, é que servi e fui servida pelo Criador na impagável oportunidade de trabalhar para Jesus. Por isso, agradeço a benevolência do Pai amoroso.

Agradeço Yvonne, Cecília, Augusto e Zoel. Encerro essas nossas despretensiosas páginas com uma mensagem para os nossos jovens da obra consoladora, O Evangelho Segundo o Espiritismo, capítulo XIV, "Honrai Vosso Pai e Vossa Mãe" – Item 8:

"**A Parentela Corporal e a Parentela Espiritual**

Os laços de sangue não estabelecem necessariamente os laços espirituais. O corpo procede do corpo, mas o Espírito não procede do Espírito, porque este existia antes da formação do corpo. O pai não gera o Espírito do filho: fornece-lhe apenas o envoltório corporal. Mas deve ajudar seu desenvolvimento intelectual e moral, para o fazer progredir.

Os Espíritos que se encarnam numa mesma família, sobretudo como parentes próximos, são os mais frequentemente Espíritos simpáticos, ligados por relações anteriores, que se traduzem pela afeição durante a vida terrena. Mas pode ainda acontecer que esses Espíritos sejam completamente estranhos uns para os outros, separados por antipatias igualmente anteriores, que se traduzem também por seu antagonismo na Terra, a fim de lhes servir de prova. Os verdadeiros laços de família não são, portanto, os da consanguinidade, mas os da simpatia e da comunhão de pensamentos, que unem os Espíritos, antes, durante e após a encarnação. Donde se segue que dois seres nascidos de pais diferentes podem ser mais irmãos pelo Espírito, do que se o fossem pelo sangue. Podem, pois, atrair-se, procurar-se, tornarem-se amigos, enquanto dois irmãos consanguíneos podem repelir-se, como vemos todos os dias. Problema moral, que só o Espiritismo podia resolver, pela pluralidade das existências. (Ver capítulo IV, nº 13)

Há, portanto, duas espécies de famílias: as famílias por laços espirituais e as famílias por laços corporais. As primeiras, duradouras, fortificam-se pela purificação e se perpetuam no mundo dos espíritos, através das diversas migrações da alma. As segundas, frágeis como a própria matéria, extinguem-se com o tempo, e quase sempre se dissolvem moralmente desde a vida atual. Foi o que Jesus quis fazer compreender, dizendo aos discípulos: Eis minha mãe e meus irmãos, ou seja, a minha família pelos laços espirituais, pois quem quer que faça a vontade de meu Pai, que está nos céus, é meu irmão, minha irmã e minha mãe..."

Jovem, seja qual for a dificuldade que esteja enfrentando no círculo familiar, não desista!

Não existe motivo para desespero.

Acredite nos seus sonhos, acredite em você!

O suicídio é porta falsa, e por mais complicado que seja esse momento, tudo vai passar.

Às vezes, nosso grupo familiar é uma escola que nos hostiliza, contudo, não se esqueça de que muitos corações amam você. Alguns se encontram na dimensão espiritual como eu, mas estou junto ao seu coração.

Como Isabelle disse a Dudu – ame-se, aceite-se e, principalmente, não desista!

Essas mesmas palavras eu gostaria de dirigir a todo jovem que está pensando em desistir da vida.

Vitório ainda permanecerá longo tempo em situação de dor e sofrimento, porque no instante em que optou pelo suicídio, jogou fora anos de trabalho da espiritualidade para elaborar aquele contexto reencarnatório junto com todas aquelas pessoas com as quais tinha muito o que aprender.

Ele não está sendo castigado, mas educado para aprender com as consequências dos atos praticados contra si mesmo.

Como será a próxima reencarnação dele?

Não sei dizer, pois ele pode nascer com delicadas complicações orgânicas, ou outros fatores limitantes que o levem a refletir sobre a bênção que é a vida, por isso, não podemos desperdiçá-la.

Vitório receberá todo amor e auxílio para entender a grandeza da vida, mas enfrentará certamente obstáculos bem maiores do que enfrentava no momento do autoextermínio.

Jovem!

Seja qual for a dor, o motivo, escolha sempre viver, pois à medida que vamos vencendo as dificuldades em nossa encarnação, um novo horizonte surge mais adiante.

Em qualquer momento, seja qual for a dor, não desanime, pois estou sempre com você.

Até sempre!

Luiz Sérgio!

Luiz Sérgio

Nasceu no Rio de Janeiro, em 17 de novembro de 1949. Filho de Júlio de Carvalho e de Zilda Neves de Carvalho.

Cursava o oitavo semestre da Faculdade de Engenharia Eletrônica da Universidade de Brasília - UnB. Pertencia ao quadro de funcionários do Banco do Brasil S.A. na Agência Central de Brasília.

Alegre e extrovertido, sabia fazer amigos com rara facilidade, sem distinguir idade, cor ou sexo. Apreciava a leitura e a música. Tocava violão, preferindo músicas românticas da bossa nova.

Companheiro inseparável de seu irmão Julio Cezar, cursavam ambos as mesmas matérias na faculdade, participavam das mesmas traquinagens de rapaz e eram lotados na mesma seção de trabalho, em horários iguais. Era conhecido nos meios em que habitualmente frequentava pelo apelido de "Metralha", por falar muito depressa. Andava muito ligeiro.

Desencarnou no dia 12 de fevereiro de 1973 e meses depois, enviou as primeiras mensagens para sua família. Com o tempo, o conteúdo de suas mensagens passou a despertar muito interesse, e os livros não tardaram a se tornar realidade.

Desde então, seu trabalho no mundo espiritual tem socorrido, esclarecido e consolado muitas pessoas, principalmente o público jovem.

Agora ele volta com seu jeito acelerado e cheio de amor para nos dizer que, ainda existe esperança.

As primeiras mensagens foram recebidas após quatro meses de sua desencarnação. A partir de então, foram publicados 36 livros sobre diversos temas de nosso cotidiano, apresentando o intercâmbio permanente entre nossos dois mundos: o material e o espiritual. O primeiro livro, *O mundo que eu encontrei*, foi publicado em 1976.

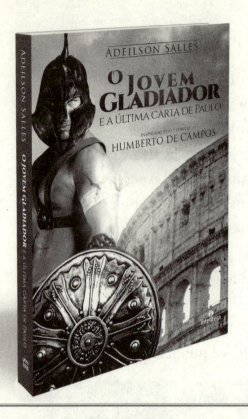

O jovem gladiador e a última carta de Paulo
Adeilson Salles inspirado pelo espírito Humberto de Campos

Após a morte do apóstolo Paulo de Tarso pelos soldados romanos, cristãos encontram em sua túnica um pergaminho que vai desafiar um jovem gladiador a viver sua maior batalha, a fim de entregar a última carta de Paulo para seu filho espiritual, Timóteo.

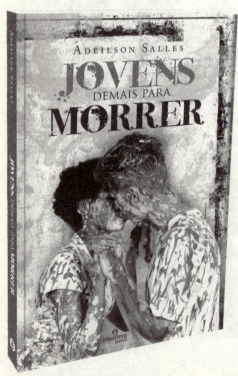

Jovens demais para morrer
Adeilson Salles

Um amor juvenil que supera a guerra e vence a morte, ressurgindo em outra vida. Um grupo de jovens que sofre a perseguição nazista e luta pela vida, enfrentando preconceitos. O amor consegue sobreviver à guerra e pode ser vivido em nova existência?

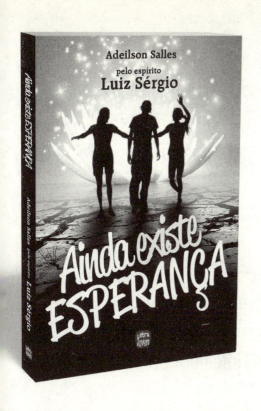

Ainda existe esperança
Adeilson Salles pelo espírito Luiz Sérgio

Luiz Sérgio está de volta!!!

Você vai se emocionar ao conhecer, nessa narrativa impressionante, o lado espiritual de uma escola e as revelações acerca da influência dos espíritos sobre os jovens.

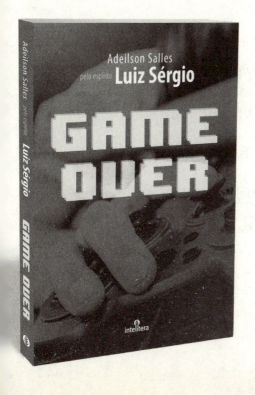

Game Over
Adeilson Salles pelo espírito Luiz Sérgio

Luiz Sérgio nos fala dos bastidores espirituais dos jogos violentos, das consequências negativas do excesso de liberdade que crianças e jovens encontram ao acessarem o mundo virtual e muitas outras situações de risco a que ficam expostos diariamente.

Para receber informações sobre os lançamentos da
INTELÍTERA EDITORA, cadastre-se no site:

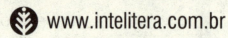 www.intelitera.com.br

Para saber mais sobre nossos títulos e autores,
bem como enviar seus comentários sobre este livro,
mande e-mail para:

@ atendimento@intelitera.com.br

Conheça mais a Intelítera:

▶ youtube.com/inteliteraeditora

◉ instagram.com/intelitera

f facebook.com/intelitera